これで25メートル泳げる！

子どもに水泳を教える 50のコツ

水泳インストラクター
長谷 優 監修

メイツ出版

KIDS SWIMMING

はじめに

　私は親に水泳を習いました。両親に、代わる代わる教わったのです。思い出せば、子どものころの水泳の授業では、得意げになって泳いでいました。

　親子で水泳大会に出たこともあり、水泳を通じて親とのコミュニケーションが深くとれたとも思っています。そして昔は親から教えられていたのに、いつのまにか私が教えるようになっていました。

　そんな私ですから、本書を監修することになり、子ども時代の自分経験と、インストラクターとしての現在の経験を、あますことなく伝えたいと思いました。

　この本には大きな特徴がいくつかあります。

　そのひとつが、家で行う水に慣れるための遊びの部分に、ページを割いていることです。子どもにとって、最初の経験は大切です。水が嫌いになってしまったら、水泳はできません。ですから、水が好きになって、水泳が上達し、最後には「うまく泳げる」というプログラミングになっています。

　子ども対象でも、ビート板を使った練習をしていないことも特徴です。ビート板は水中での推進力を身に付けるのに役立ちますが、顔を前に上げて息継ぎをするという、クロールの初心者には身につけてほしくない息継ぎの癖がつきやすいやすいからです。

　この本は小学校に入る前から、小学校低学年までを対象にしています。年齢幅があるので、一概に上達までの期間を記すことはできません。年齢やお子さんの気質に合わせて、ひとつひとつ楽しくクリアしていただきたいと思います。

長谷　優

これで子どもが
25メートル泳げる！

「25 メートル泳げるようにさせたい」
「水泳の教え方がわからない」
子どもの水泳は初めが肝心。
水は怖くない、泳ぐのは楽しい、
と思えると子どもはぐんぐん上達できます。
パパとママと一緒に楽しく、どんどん泳げる
練習を 3 つの『ツボ』で紹介します。

パパとママのサポートで
水が好きになる！　泳ぐのが楽しくなる！
25 メートル泳いで友達をびっくりさせよう

25 メートル泳げるようになる
最短距離

できるようにしたい
ところを知る
❶

▼

強化したいテクニックの
ページを開く
❷

▼

3つの「ツボ」を
頭にたたき込む
❸

▼

練習を繰り返して
自分のものに！
❹

本書の使い方

本書は基本は最初から読み進め、個人のレベルによって途中から読んでもかまいません。各テクニックが見開き完結となっており、みなさんの知りたい習得したい項目を選んで、読み進めることができます。

各テクニックは、それぞれ重要な3つの『ツボ』で構成され、習得のポイントを分かりやすく解説しています。

コツが分かるから覚えやすい。覚えやすいから身につきやすい。ぜひスーパーテクニック習得に役立ててください。

コツ No.

50 項目のやり方を掲載。すべてを自分のものにして、レベルアップしよう。

コツ No.**38** ▶ 楽な呼吸
呼吸の度合いと
タイミングを実感する

**⚠ コレが
できる!** クロールで長く泳ぐための、理想の呼吸法を身につける

「ふ〜〜ん」→無呼吸→「ファ」で長く泳げる呼吸にする

いままでは「パッ」という破裂音を出して息を吐いていたが、理想の呼吸を身につけるための練習をする。長く泳ぐための楽な呼吸は「パッ」ではなく、ドレミファの「ファ」に近い。「パッ」は水が飛ぶが、「ファ」はあまり水は飛ばない。

鼻から吐く息も、いままでのように「ぶくぶく」ではなく「ふ〜〜ん」にして、出る泡が細かくなるようにする。

効くツボ
① 無呼吸の一瞬をつくる
② 口からドレミ「ファ」
③ 鼻から「ふ〜〜ん」

92

コレができる!

そのテクニックを習得することで、足りなかった、修正できなかった部分を直すことにもつながる。

本文

紹介している「ツボ」の概要を紹介している。テクニックを使用する場面などを整理しておこう。

効くツボ

テクニックを3つのツボにして表現している。この「ツボ」さえおさえれば、テクニック習得はもう目前。

Let's やってみよう

掲載したテクニックを習得したら、さらなるレベルアップを図りたい。ここに掲載されている内容にもチャレンジしてみよう。

タイトル

具体的なタイトルで、身につけたい技術が一目瞭然。 知りたいテクニックから読み進めよう。

効くツボ 1.2.3.

3つのツボを詳しく、わかりやすく掲載している。しっかり身につけ、1日も早い習得を目指そう。

 効くツボ 1

鼻から「ぶくぶく」の次に
無呼吸の一瞬をつくる

プールに立って前かがみになり、クロールをイメージして腕を前に伸ばして壁をつかむ。息を鼻から出し、次にいったん吐くのを止め、無呼吸の一瞬をつくる。体の中に酸素を残しておくと、ずっと吐き続けるより楽なことを体感しよう。

 効くツボ 2

水中から顔を上げる瞬間に
口からドレミ「ファ」

効くツボ1の状態から、クロールをイメージして腕で水をかき出しながら、鼻から息を吐き、顔を水から上げた瞬間に口から「ファ」と残っている息を吐く。「ファ」で息を吐き出すので、次の瞬間は意識しなくても息を吸う瞬間がくる。

効くツボ 3

息を吸ったら、鼻から
「ふ〜〜ん」と吐きながら再び入水

効くツボ2で吸った息を鼻から「ふ〜〜ん」と吐きながら、再び入水する。今までの鼻からの息の吐き出しは「ぶくぶく」だったが、ここでは「ふ〜〜ん」にして、鼻から出る泡を小さくする。これで、楽な呼吸ができるようになる。

やってみよう Let's フォームを意識して呼吸

パパ、ママは手や顔を持って「ファ」をする位置を子どもに確認させるようにサポートしよう。左ページの大きな写真のように、子どもの前に立つとサポートしやすい。

 **できないときはここをチェック**

プールに立って前かがみの状態でも、クロールをイメージして腕を動かす。壁を使って腕が下がらないように、「ファ」のタイミングをつくろう。

できないときはここをチェック

掲載されているとおりやってみても、なかなか上手くいかない。そんな時は、ここを読んでみよう。落ち入りやすいミスや違う視点からのアドバイスを掲載している。

体の使い方

姿勢

体の中心を糸で引っ張られるように、最低限の力で引っ張り上げる。ねじれたり、横にゆがんだりしないように。

呼吸

吸いすぎないように、吐いてから吸うを心がける。息は鼻から吐いて、口からも吐いてから、その後に口で吸う。力まないようにすることがポイント。

各パーツの基本

全 身

頭

水面から後頭部があまり出ないようにする。あごは引きすぎず、上げすぎずで、立っている姿勢と同じように。また、体の軸の延長線上にもってくる。

腕

ヒジは突っ張らずにゆるめておく。

股関節

バタ足は股関節、足の付け根から動かすイメージを持つ。

足

ヒザは伸ばしすぎず、曲げすぎず。バタ足では股関節やヒザを開かないよう、内ももをすりよせるように動かす。

肩

力を抜いて、首をすくめないようにする。胸からが肩になるというイメージで、クロールの腕の回転を行う。

お腹・背中

お腹が落ちないように、また腰は反らないようにまっすぐのままをキープ。

手

親指と人差し指は開く。他の指は開きすぎず、閉じすぎず。

足首

柔軟にし、足の甲は水圧によって伸びるようなイメージで、しなやかに動かす。

子どもに水泳を教える50のコツ
これで25メートル泳げる!

PART 1 お家でできる準備と練習

プールでいきなり練習を始める前にまずはお家で水に慣れておこう。
基本姿勢と手足の動きを身につけ、イメージトレーニング。

PART 2 遊びながら水に慣れる

お家での練習が終わると、いよいよプールデビュー。
水に入る準備をしたら、まずはパパ、ママと遊びながら徐々に水に慣れていこう。

※本書は 2014 年発行の『これで25メートル泳げる！子どもに水泳を教える本』を元に加筆・修正を行ったものです。

PART 3 クロールの体の使い方と呼吸

バタ足と腕の回転、息継ぎを練習する。
ここでフォームと軸を整えてクロールの基礎となる体の動きを覚えよう。

CONTENTS

予行練習のために

お家でできる
準備と練習

プールでいきなり練習を始める前に
まずはお家で水に慣れておこう。
基本姿勢と手足の動きを身につけ、イメージトレーニング。

水の抵抗を受けにくい
軸の作り方を覚える

> **！コレが
> できる！** すべての水泳種目の基本となる、泳ぎの基本姿勢を身につける

頭の先からつま先まで
ヒモで引っ張るように伸ばす

　背骨を中心に、まっすぐと立ち上がる基本姿勢を覚えよう。かかとをつけて立ち、両腕は耳の後ろを通して頭上にまっすぐ伸ばし、親指以外の指を軽く閉じて手のひらを重ね、中指と中指を重ねる。頭の先からつま先まで、**1本のヒモで引っ張るような感じ**。

　全身に余分な力が入らないように伸びるのは難しい。でも、ここをクリアしないとプールで苦しくなるので、まず最初に徹底的に体に覚えさせる。

効くツボ ①ソファーや布団で練習する
② パパと飛行機ブ〜ン
③ フォームを見分ける

効くツボ 1

実際の泳ぐ姿勢に近づけるため
布団を使って基本姿勢を覚える

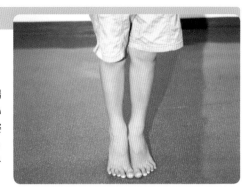

立って基本姿勢をとるとグラグラする場合、ソファーや布団に寝て練習してもいい（仰向けでも、うつ伏せでもOK）。基本姿勢をとるとき、子どもの足が広がらずにそろっているか、ひざや足首が曲がっていないかをチェック。

効くツボ 2

パパに飛行機ブ〜ンをしてもらい
基本姿勢でバランスをとる

不安定な状態で基本姿勢をとり、水の中の浮遊感を体験。パパは子どもの脇あたりを押さえ、飛行機ブ〜ンをする。子どもは落ちないように、バランスをとることが大切。背筋を使って足を上げ、基本姿勢でバランスをコントロールさせよう。

効くツボ 3

パパがモデルになり
フォームを見分ける力をつける

パパが基本姿勢の悪い例を見せ、子どもにどこが間違っているのかを当てさせる。間違い探しのポイントは『ヒジの曲がり』『足の開き』『腕の広がり』『エビ反り』など。クイズ形式で、子どもが楽しみながら答えられるように工夫しよう。

やってみよう Let's　鏡を使って練習する

姿鏡のタテの中心にテープなどで1本の線をひき、その軸と子どもの体の中心を合わせる。ママやパパは鏡の線に沿って、子どもの体がまっすぐになるようにサポート。

できないときはここをチェック

横から見てもまっすぐが基本。背中が反りすぎて、お尻が出てしまうのは、まっすぐに立っていない証拠なので気をつけよう。

お風呂で遊びながら
呼吸を止めたり目を開けたりする

> **！コレが
> できる！** 自宅のお風呂を利用して、水に慣れさせ、水への恐怖心をなくす

水に顔をつけても怖くない
ことをお風呂で実感

　水泳のいちばんの**上達法は、水に慣れること**。子どもは水に慣れてくると、プールでも自然に泳げるようになってくる。そこで、自宅のお風呂で、水に慣れる練習をする。

　泳げない子どもは、水の中は呼吸できないと思い込んでいる。だから、遊び感覚で、水中での呼吸や水に顔をつけることに慣れさせる。水に顔をつけるとき、息を吸うことはとくに意識させず、「パッ」と吐くときに、あごが開かないようにする。

 効くツボ
① 「パッ」っとお湯を飛ばす
② ぶくぶく〜「パッ」
③ おはじき何個？

お風呂のお湯を
「パッ」っと遠くに飛ばす

□まででお湯に沈み、「パッ」と口を大きく開けて息を吐く練習をする。このとき、水をできるだけ遠くに飛ばす要領で行おう。パパやママと一緒に、どっちが遠くにお湯を飛ばせるか競争しながら行うと、遊びの一環として練習できる。

ぶくぶく〜「パッ」で
水中での呼吸の練習をする

ぶくぶく〜と鼻から息を吐きながら鼻までお湯に沈み、顔を上げるタイミングで「パッ」と残りの息を吐く。沈むときは目を閉じてもOK。「ぶくぶく〜」は、ハミングするように、できるだけ長く、一定に鼻から息を出すようにする。

洗面器の底にある
おはじきの数を当てる

できるだけ大きな洗面器を使い、水に顔をつけて目を開ける練習をする。子どもが目を閉じて水に顔をつけたら、ママはおはじきを水に入れる。「もういいよ〜」と声をかけて子どもに目を開けさせ、おはじきの数や色を当てさせる。

Let's やってみよう
パパとママがお手本

練習は、まず親が見本を見せること。とくに水中で目を開ける練習は、子どもにおはじきを入れてもらい、親が数を当てるというお手本を見せたほうが、子どもが安心感を持つ。

できないときはここをチェック

息は吐くことに集中すれば、自然に吸う動作につながる。「パッ」っと口から息を吐くことで、水中でも呼吸が軽くできるようになることを確認。

バタ足キックの練習で
クロールの基本を身につける

> **!** **コレが
できる!** 基本姿勢を整え、足全体を柔らかく、ムチのようにしならせてキックする

**左右の足の親指同士が
触れるようにキック**

クロールの基本、**バタ足
（キック）で水の中を進むた
めの予習**を自宅でする。基
本姿勢を整え、足を開かない
ように内ももを引き締めなが
ら、足の親指同士が触れるよ
うにキックをする。

ヒザは曲げすぎず、伸ばし
すぎずを保ち、足の甲を伸ば
して行おう。足全体を柔らか
く、ムチのようにしならせて
使うことが基本。この動きで、
プールでも、スムーズにキッ
クできる。陸上では、意外と
腹筋を使う。

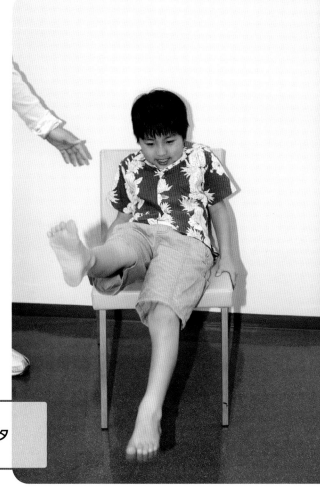

効くツボ
① 腰かけてキックする
② ベッドに寝てバタバタ
③ パパの手をキック

ベッドやイスに腰かけて
腹筋を使ってキックする

安定したイスなどに腰かけて、キックしてみよう。このとき、肩に力が入ってしまって、足の動きに合わせて肩が動いてはダメ。パパやママは子どもの肩を触って、「肩の力を抜いて〜」といいながら、子どもの肩が動かないように気をつける。

ベッドでうつ伏せになり
足をバタバタさせる

実際に泳いでいる姿勢に近づけて、キックの練習をする。ベッドやテーブルなど安定したものに上半身を乗せてうつ伏せし、胸をつける。そして、肩がなるべく浮かないように注意しながら、足が落ちない状態でキックする。

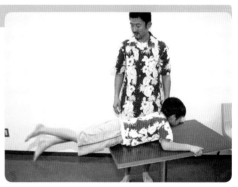

パパの手を水に見立てて
キックする

パパが子どもの太ももの下に手を置いて、キック時の水の抵抗を疑似体験させる。子どもは水を押すつもりで、パパの手をはじくようにキックしよう。パパの手は添える程度にし、力を入れすぎて子どもの動きのじゃまにならないように注意。

やってみよう Let's
基本姿勢に忠実に

「コツNo.1 軸を作る」で学んだ基本姿勢を崩さずに練習することが大切。パパとママは常にこの基本姿勢を気にしながら子どもの動きを見て、子どもに声をかけていくようにする。

できないときはここをチェック

水泳は胸に体重を乗せて泳いでいく。だからうつ伏せで練習するときは、親はエビ反りになって腰に体重が乗っていないかチェックしよう。

水をかいてから押す
イメージを陸上で練習する

⚡コレができる！ 水をかいてから押すという、クロールの腕使いの入門編

基本姿勢を整えて
腕を回転させる

　入門編なので、ヒジは伸ばして行おう。基本姿勢から腕を回転させるとき、必ず**太ももを手で叩くように**する。こうすることで、腕は体の軸の下を通り、実際の腕のかきを身につけることができる。

　また、太ももを叩いた後は、水をかききるような気持ちで胸を開き、手で大きな円を描くようにしてもとの姿勢に戻る。腕を回すときの軸は、胸の中心。胸の中心から腕がついているように、意識させることが大切。

効くツボ
① 前かがみでかく練習
② 立ち姿勢で腕を回す
③ ローリングを覚える

前かがみでクロールの
腕のかきを練習する

子どもの腰くらいの高さのテーブルに両手をそえ、前かがみで上半身の基本姿勢を整える。水をかく要領で太ももを叩き、その後、後ろにヒジを伸ばしきる。そして、小指を外側にするように大きく回転させ、もとの姿勢に戻る。

立った姿勢で
腕を回転させる練習

体を伸ばして、腕の回転をする練習。ここで子どもに意識させるのは、水をかいた後に水を押し切るイメージをもたせること。だから、腕を回すという意識ではなく、足先に向かって腕を押して、その勢いで太ももを叩くという要領が大切。

腕のかきにともなった
体のローリングを覚える

座布団などの上にヒザをつき、腕は体の横に。背骨を中心に串刺しになった気持ちで、腕や頭を動かさずに肩を回転させる。これにより、水中でのローリングが身につく。目線は1点に集中させ、頭を動かさないようにすることが重要。

やってみよう
Let's 指先に手を触れる

「太ももを叩く」というと、叩くことに意識がいって基本姿勢が崩れる。そこで親は、基本の伸びた姿勢時の指先の位置に手を置き、回転させた手が必ずもとに位置に戻るように指導する。

できないときはここをチェック

押しを意識した太ももの叩きは、ボールをつくときのような手首のスナップを使うとよい。「まりつきのように」というような、例えをするとよいだろう。

柔軟性を身につけて
沈まない、泳ぎやすい体を作る

> **！コレができる！** 無駄な力を入れずに泳ぐ動きができるように体を柔らかくする

強度は徐々に上げていく
最初から無理は禁物

　柔軟性がないと動作の１つひとつに力が入ってしまって、泳いでいても苦しく、沈みやすくなる。また、ある程度の**柔軟性がないとケガにつながる**ので、泳ぎに備えて柔軟性をつけることが大切。

　そこで、自宅でもできるストレッチを行おう。ここではパパ、ママとコミュニケーションをとりながら、柔軟性を養うことが目的だが、最初から強く行わない。子どもの柔軟性に合わせて、徐々に強度を上げていくこと。

効くツボ
① 背中合わせで上体そらし
② 股関節のストレッチ
③ 体側のストレッチ

パパ、ママに担いでもらって
上体前面のストレッチ

背中合わせになり、ママが背中に子どもを担いで、子どもの上体を伸ばす。こうすることで、胸、お腹、太ももまでの、体の前面がストレッチされる。また、子どもの胸が広がり肺が広がるし、肩も柔らかくなる。子どもは脱力した状態で。

向かい合わせて足を開き
股関節のストレッチ

2人向かい合わせになり足を広げて手をつなぎ、子どもを前屈させる。足の開きや前屈の度合いは、徐々につければいいので最初から無理をしない。ヒザは曲げないこと。子どもの肩、背中やもも裏、内ももも、お尻から腰がストレッチされる。

腕のかきに役立つ
体側のストレッチ

片脚を合わせ、両腕をつないで外側の腕を引っ張りながら体側を伸ばす。親と子どもの身長に差があるので、パパやママはヒザを曲げたり、ヒザをついたりして、子どもの身長に合わせることが大切。前かがみにならないように注意しよう。

やってみよう Let's
日常からストレッチ

小学校高学年くらいになると柔軟性に差が出てくる。つまり、低学年までの体の動きで、高学年以降の柔軟性が決まってくるわけだ。常日頃から、この程度のストレッチを心がけよう。

できないときはここをチェック

ここで問題になるのは、パパとママの体の柔軟性。子どもが正しくストレッチされるよう、パパとママは必ずしも写真の通りでなくてもよい。

効率よく泳ぐために
体幹の筋力を身につける

💡 **コレが
できる!** スイマーに必要な胸と背中、腹筋など、体幹の筋力をつける

**姿勢に気をつけながら
筋力アップをする**

水泳は脱力して行うといわれるが、ある程度パワーがないと水をかき出すことができない。効率よく泳ぐために必要な、最低限の筋力を身につけよう。

キックで下半身の筋肉も必要だが、とくにスイマーは胸と背中、腹筋など、**上半身の筋肉**を多く使う。そして、**腕よりも体幹の筋力が必要**。ここでは体幹のトレーニングを紹介する。ゆっくり5数えて吸いながら沈み、5数えて吐いて上がる。

**効く
ツボ**
① 壁プッシュアップ
② スクワット
③ 板のポーズ

壁プッシュアップで
胸から腕を鍛える

腕 立て伏せを応用した、壁プッシュアップをする。壁に向かって立ち、手を壁につけ体を傾斜（50度程度）させ、ヒジの曲げ伸ばしをする。ヒジを横に開いたり、首をすくめるように肩を上げたり、お尻を突き出したりしないように注意しよう。

スクワットで足腰と
体幹のバランス鍛える

足 を腰幅に開き、腕は腰元におく。この状態から腰をイスに座るように落す。体を丸めさせず、ヒザ頭がつま先より出ないように、スネが床に対して垂直になるようにヒザを曲げていく。壁に向かって行うと、まっすぐに下がる意識ができる。

全身の筋肉を使って
板のポーズをする

ヒ ジをついて体をまっすぐにし、胸・お腹の筋肉を使いながら、前腕とつま先で体を支える。きつい場合は、ヒザをついてもOK。ヒザをつくときは、お尻が出たり、お腹が落ちないように気をつけよう。目線はおへそにして、5秒キープ。

やってみよう Lets
負荷をつける

壁プッシュアップは、体の傾斜角度によって負荷を変えることができる。体が立てば立つほど負荷は少なく、傾斜がきつくなるほど負荷もきつくなる。徐々に負荷をかけていこう。

✏ できないときはここをチェック

体軸を整える訓練になっているので、姿勢にはくれぐれも気をつけること。筋肉は1〜2日でつくものではないので、2、3日に1回ぐらいを目安に。

子どもとの
コミュニケーションは 笑顔が一番

**親目線で上から教えても子どもは上達しない。
親子でふれあうことは、とても大切。**

RANKING

1 笑顔を心がける

親が怒った顔をしていると子どものモチベーションが上がらないので、パパ、ママは笑顔を心がけよう。そのためには、親も楽しんで行う。

2 楽しい雰囲気づくり

プールに行く前から楽しい雰囲気づくりをすることが大切。プールは楽しいと思わせて、子どもの好奇心・向上心を刺激する。

3 ほめてあげる

子どものモチベーションを上げるためにも、ひとつのことができるようになったら、「上手ね〜」などとほめてあげると上達が早い。

4 喜んであげる

ひとつの課題を与えてできたときに、喜んであげると上達が早い。パパ、ママが喜んでくれたことがうれしくて、もっと上達したいと思う。

5 親も一緒に動く

パパ、ママはプールサイドから指示するだけでなく、一緒にやって共同作業の感覚を持たせると信頼感ができ、練習に励んでくれる。

水泳を介したコミュニケーション

水泳を楽しく練習することは、家庭でのコミュニケーションにも役立つ。

こんなエピソードがある。「1、走らない。2、大声出さない。3、お友達を突かない。4、赤い台からおりない」など、水泳教室でルールを決めた。これを口癖のように子どもに覚えさせたところ、おかあさんがこれに家でのルールを足して利用していることがわかった。水泳は楽しく行えば、家庭でのコミュニケーションづくりにも役立つという事例だ。

子どもが水泳を通して親への信頼感を増せば、家庭でのルールづくりが楽になるだろう。

PART 2

水が怖くないように

遊びながら
水に慣れる

お家での練習が終わると、いよいよプールデビュー。
水に入る準備をしたら、まずはパパ、ママと
遊びながら徐々に水に慣れていこう。

水着、ゴーグル、キャップの 選び方と3原則

！コレが できる! プールで必要なものを揃えて安全に泳ぐ準備をし、泳ぐのを楽しくする

泳ぐために必要な 水着とゴーグルとキャップ

泳ぐために必要な装備は、プールによって変わってくる。一般的には、親子とも**水着**と**ゴーグル**と**キャップ**があれば大丈夫。

子どもの水着は、飾りなどなく動きやすければ、デザインはどんなものでもOK。好きなデザインを選ぶと、プールに行くのがもっと楽しくなる。また、ゴーグルをつけると水中でもよく見え、**目が痛くならない**ので、早く上達することができる。

効くツボ
① 子どもの水着とゴーグル
② パパママの体温を保つ
③ 水泳の3原則を守る

女の子はワンピース
男の子は体にフィットした形

女の子の水着はシンプルなワンピースがオススメ。ツーピースだと、動いたときにめくれてしまうことがある。男の子は体にフィットした形が動きやすい。ゴーグルはジュニア用のものを使って、その子にあうようにアジャスターで調整する。

パパママは水着の上に
ラッシュガードを着る

サポート役のパパ、ママはあまり動かないので、水の中で寒くなることがある。左の写真のように水着の上にラッシュガードや水用Tシャツ、プール用ウェットスーツを着ると、体温を保つことができる。ママはお化粧、アクセサリーはとる。

水泳の3原則を守り
こまめに水分を拭きとる

水泳の3原則として、①プールサイドを走らない②プールに入る前にトイレに行く③全身をシャワーで洗い流す。また、子どもの体温はすぐ奪われてしまうため、移動するときは専用のタオルなどで水分を拭きとるようにしよう。

やってみよう
Let's 空気抜きをして水を防ぐ

ゴーグルのサイズ、調整がうまくできていれば、水は入ってこない。加えて、ゴーグルをつけた後、両方のレンズを押して、空気抜きをすると水が入りにくくなる。

できないときはここをチェック

子どものキャップは、シリコン製よりメッシュ製がオススメ。シリコン製は締め付け感があり、かぶるのにも時間がかかり、やぶけやすい。

練習の効率をアップ
ストレッチでケガ予防

> **!コレができる!** 体を効率よく使う準備をするだけでなく、ケガを予防する

心拍数や体温を上げ
プールに入る準備をしよう

ストレッチをすることによって体を目覚めさせ、運動がしやすい状態になる。体が目覚めていないと筋肉がうまく使えず、ケガをしやすいだけでなく、せっかく練習しても効率が悪い。また、ストレッチによって血流をよくすることで、心拍数や体温を上げ、水温の影響を受けるプールに入る準備をする。

「足がつる」「股関節がすぐ疲れる」など、**プール特有の症状**を予防するストレッチをしよう。

効くツボ
① 全身ブルブルで体目覚める
② 左右逆回しで肩をほぐす
③ 足振り子で股関節を動かす

全身をブルブルふるわせて
交感神経にスイッチオン

両手をブラブラさせたり、足を片方ずつブラブラさせる。縦にふるだけでなく、回してみよう。また、腕を肩から回したり、かかとを上げてつま先で弾んでみよう。体についた水をふり飛ばすイメージで体をほぐす。ただし、首は負担がかかりやすいため、勢いをつけて後ろに倒さないように注意。

腕を左右逆にまわして
肩まわりの関節をほぐす

まずは右腕だけを前に回す。次に左腕だけを後ろに回す。両方できたら左右同時に回す。この動きに慣れてきたら今度は右腕を後ろ回し、左腕を前回しにチェンジ。背中を伸ばして首をすくめずに行う。ヒジを曲げずにまっすぐ伸ばし、少し弾みをつけて大きく回すことで体の軸も整えられる。

足を振り子にして
股関節の可動域を広げる

壁に手を添えて、壁から少し離れたところに立つ。片足立ちになり、浮いている足の内側でサッカーボールを蹴るように着いている足の前を通し、振り子のように左右に振る。続けて体の向きを変え、足を前後にし、大きくダイナミックに振る。体はまっすぐにしてふらつかないように注意。

Let's やってみよう
ゆっくり呼吸で効果倍増

ストレッチをするときに常に気をつけたいのが呼吸。一所懸命になるあまり呼吸を止めてはいないだろうか。呼吸を動きに合わせることで、ストレッチの効果は上がる。

できないときはここをチェック

痛いところまでグイグイ伸ばしてしまうと、ストレッチの効果は低くなる。呼吸とあわせてリラックスして痛みを感じない程度に伸ばそう。

階段を使ってゆっくり入ろう
パパママは先に入ってサポート

> **💡コレができる!** 体に負担をかけず、怖がらないでプールに入り、スムーズに水に慣れる

いきなりは禁物
足から徐々に水をかける

いよいよプールに入ってみよう。もしも子どもが水を怖がって入れなかったとしても大丈夫。「他の子は平気そうなのに…」と心配する必要はない。親がせかさないことが大事。他の子と比べずに、**マイペース**でゆっくりと慣れていってほしい。

「プールの深さ」は子どもに恐怖心を与えてしまうきっかけになるため、場所には注意しよう。スムーズに水に慣れるためにも、できるだけ首から上が水から出るくらいの場所を選ぶとよい。

効くツボ
① 足から水をかける
② 最初にパパママが入る
③ 階段を使って入る

まずは足から徐々に
水をかけよう

まず、プールサイドにしゃがんで足から水をかけよう。心臓に負担をかけないために、徐々に体幹部分に近づけていく。子どもがプールから水を汲もうとしてプールに身を乗り出しているときは、頭からプールに落ちないように注意する。

最初の一歩は
パパママから

まず最初に親からプールに入る。親が先に入ることで、子どもは安心し、「自分にもできる」と感じる。また、万が一滑ってプールに落ちてしまったとしても、先に入っていればすぐに助けることができる。笑顔で子どもを迎えてあげよう。

階段を使って
ゆっくり入る

事故防止のためにも、いきなり全身は入らずに階段を使う。プールに背を向け、プールサイドにつかまりながらゆっくりと一段一段下がっていく。階段は滑りやすくなっているため、先に入った親が声をかけながらサポートしよう。

やってみよう Let's　声を聞くと安心する

どんなときも「大丈夫だよ」「気持ちいいね」「楽しみだね」と声をかけ続けよう。初めての環境で緊張している子どもにとって、親の存在ほど心強いものはない。

できないときはここをチェック

子どもの様子を注意深く観察する。気分が悪くなっていないかなど、笑顔でアイコンタクトをして会話をしながら様子を観察しよう。

水に慣れる水中ストレッチ
水の中で体を温める

> 💡 **コレが できる!** 水中でストレッチをすることで体と心の準備をして水の感覚に慣れる

ストレッチで心と体の準備
遊ぶ感覚で水に慣れよう

プールの底に足がつき、全身が水につかったら水中でストレッチをしてみよう。水の中では陸上のように思い通りに体を動かすことができないことに気づくだろう。

ストレッチをすることで、**体の準備をするだけでなく、水の感覚に慣れて心の準備**をすることもできる。

まずは**プールサイドから離れず**に、親子で遊ぶ感覚でやってみよう。

 効くツボ
① ひねって体を温める
② 太ももの前側を伸ばす
③ ふくらはぎを伸ばす

ウエストを左右にひねって
水の抵抗を感じる

お腹を右に向けると後からつられて胸と腕が右に流れ、左に向けても同じ流れでウエストをひねる。向きを反対に変えるときに手で水を押して、水の抵抗を感じられたらOK。体が温まり、寒さを感じなくなるまでやってみよう。

体をまっすぐにして
足首と太ももの前側を伸ばす

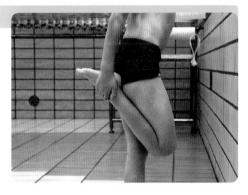

バランスを崩さないようにプールサイドに手をついて片足立ちになる。片方の手で足首をつかんでお尻まで引き上げる。このときに腰が反ったり、ヒザが開いたりしないように注意。息をゆっくり吐きながら、10秒間伸ばし続ける。

しっかりとかかとを床につけ
ふくらはぎを伸ばす

プールサイドに手をついて足を前後に開き、両足のかかとをしっかりと床につける。体重を徐々に前に移動しながら前のヒザをまげ、後ろ足のふくらはぎ部分を伸ばす。プールがやや深く、かかとがつかない場合は軽く弾みをつけてやろう。

やってみよう
Let's プールサイドから離れる

慣れてきたら少しずつプールサイドから離れて親につかまってストレッチしてみよう。さらに慣れてきたら手を離し、手でバランスを取りながらやってみよう。

できないときはここをチェック

温水プールでも、季節の変化にともなう外温の変化や、日によって水温の感じ方は変わる。いつもより冷たく感じたら動く量を増やそう。

コツ No.11 ▶水に慣れる

水中ウォーキングで
水の中を進む

> **!コレができる!** 壁につかまらずに水の中を進むことに慣れて直線運動を練習する

水の抵抗を感じながら
前に進む

　プールサイドを離れて、水の中を歩く。いままではその場でやる動きだったのが、**水中ウォーキングで進むことに慣れていく**。子どもはその場で遊んだり、好き勝手に動いたりしたがるが、ここでは目標に向かって進む。

　No.10 効くツボ１のウエストひねりで感じる水の抵抗とは違った、前に進むときに受ける水の抵抗を体感しよう。ついつかまるコースロープは回転するので、頼らないように。

 効くツボ
① 手で水をかきながら前に歩く
② 横に大またで歩く
③ 壁につかまり腕の力で歩く

 **効くツボ 1**

水をかくように手を使って
大またで歩く

水中を歩く。できるだけ大またで歩こう。ここでは水に慣れることが目的なので、プールが浅くて肩まで水につからなくてもいい。陸を歩くときと水中ウォーキングの違いは、水を後ろへかき出すイメージで手を使って歩くこと。

 **効くツボ 2**

引き戸を引くように
手を動かして横歩き

横に大またで歩く。手と足が同じ方向、動きをする。手は引き戸を引くようなイメージで動かそう。進む方向に対して、体が真横になっていれば OK。ここでは、いろいろな方向に体を動かすためのコントロール力を身につける。

 **効くツボ 3**

木登りのイメージで
腕の力で歩くくも歩き

プールサイドにつかまり、足を少し浮かせて腕の力を使ってスイスイ歩くくも歩き。このとき足は動かさないこと。学校の遊具のうんていや、おサルさんが木登りをするイメージで、と子どもに伝えると、感覚をつかみやすく楽しめる。

やってみよう
Let's パパママがお手本を見せる

まずはパパ、ママが歩くお手本を見せよう。次に、子どもの顔を見ながら後ろ向きになり、子どものテンポにあわせて一緒に歩く。子どもにとって、最初の一歩になるため笑顔で楽しく。

▶ できないときはここをチェック

ここでの目的は水に慣れることなので、パパ、ママは細かく口を出さないこと。子どもが楽しそうにやっていれば、次のステップにも進みやすい。

ぶくぶく〜「パッ」を
プールで練習する

! コレが できる! 水中で目を開けて頭まで水に入り、家でやった呼吸法をプールで練習

ダイナミックに ぶくぶく〜「パッ」

　家のお風呂でやった呼吸法をプールでもう一度練習する。今回はゴーグルをつけているので、お風呂と違って**目を開けて**おもいっきり**水に頭を入れられる**。

　また、泳ぐことを想定して**ダイナミック**に、ぶくぶく〜「パッ」とできる。より、実際泳ぐときの感覚に近づき、浮力も感じられる。

　プールで初めてやるのではなく、家で練習したことなので、自信を持って練習してみよう。

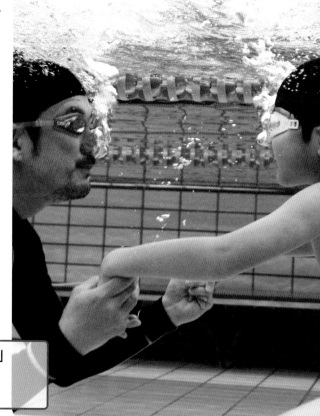

効くツボ
① 水を飛ばして「パッ」
② もぐってぶくぶく〜
③ 連続して呼吸する

お風呂よりもっと遠くに
水を飛ばす「パッ」

家のお風呂で練習した「パッ」をやる。大きく口を開けて「パッ」と息を吐こう。やり方は同じだが、お風呂よりも、もっと遠くに水を飛ばすように、勢いよく吐く。最初はパパ、ママも一緒にやって、プールでも楽しいことを体験しよう。

おでこまで水にもぐって
ぶくぶく〜

ぶくぶく〜と鼻から息を吐きながら入水。お風呂でやったときとの違いは、おでこまで水にもぐる、水中で目を開けること。一緒にパパ、ママもやると、水中で顔が見えるので安心する。水中では、一定に鼻から息が吐けているか確認しよう。

一緒に手を持って
ぶくぶく〜「パッ」

ぶくぶく〜「パッ」を連続してやる。頭を深く水に入れてぶくぶく〜、そして上に上がりながら「パッ」。最初は浅いぶくぶく〜から始めて、徐々に深くしていく。パパ、ママは子どもの手を持って、目を見ながらノンストップで何度もやろう。

やってみよう
Let's　肩を押してもぐる

一緒にやるパパ、ママのチェック項目は、①目を開けている②「パッ」と口を大きく開けている③背中を丸めて深くもぐっている。深くもぐれなかったら、軽く肩を押してみよう。

できないときはここをチェック

効くツボ3は「パッ」をやったらすぐに、ぶくぶく〜に入る。基本は1呼吸なので、2回吸わない。ここで1呼吸のコツを身につけられるようにしよう。

息を吐ききって
もぐってみよう

！コレが できる！ ジャンプ呼吸や、深くもぐって尻もち、パパママの足の間をくぐれる

肺を広げるように吸って
背中を丸めるように吐く

　No.12でやったことの仕上げで、**息を吐ききってもぐる練習**。肺を広げるように吸って、背中を丸めるように吐いて心肺機能を高める。ここでは運動量も多くなっている。

　息を吐ききることで深くもぐることができる。また、吐ききってもぐることで、水の抵抗がなくなる。

　その練習のひとつ、パパ、ママの足の間をもぐるときは、子どもの冷静さが求められる。これができれば水に慣れた証拠。

効くツボ
① その場でジャンプ呼吸
② 床について尻もち
③ 水中で足の間くぐり

床を蹴って
ジャンプ呼吸

No.12で練習した呼吸法にジャンプを入れる。もぐって背中を丸め鼻から息を吐いて沈む。そこから床を蹴りジャンプをして口から「パッ」と吐いてジャンプ呼吸をくり返す。最初はパパ、ママが両手を持って10回やってみよう。

ジャンプ呼吸をしてから
もぐって尻もちをつく

ジャンプ呼吸を1回して、その勢いでもっと深くもぐってお尻を床につける。完全に床に尻もちをつけない場合は、徐々に深くもぐれるようにする。勢いをつけすぎると腰を打ってしまうので、水深が胸ぐらいまではあるプールでやろう。

深くもぐって
パパママの足の間をくぐる

ジャンプ呼吸をしてから深くもぐり、パパママの足の間をくぐる。ここでパパ、ママが気をつけるのは、無理強いをしないこと。中には、もぐるのを怖がる子どももいるので、もぐったときに子どもの頭を押さず、背中をサポートしよう。

Let's やってみよう　助かる呼吸

ジャンプ呼吸をするとき、「カエルになろう」と子どもに伝えるとイメージしやすい。この呼吸は、背の届かないプールで役立ち、また、おぼれないための呼吸法にもなる。

できないときはここをチェック

効くツボ3のサポートは"軽く"。もぐっている子どもを強く抑えつけると、パニックになってしまう。背中や肩をやさしく押してサポートする。

もぐる時間を長くするため
水中じゃんけんをする

> **！コレが できる!** 長時間もぐる、泳ぐために水中で目を開けて長く息を止める

**長く息を止めて、長時間
水中で目を開ける**

　ここでの目標は、**長く息
を止め、水の中で長時間、
目を開けられる**ようにして、
より水に慣れること。

　いままでの練習では、息を
吐く・吸う、を行い、ここで
初めて止める練習になる。こ
の練習で、子どもが怖がる
ようなら、No.13 に戻って、
ジャンプ呼吸や尻もちをもう
一度やってみよう。そこでも
ぐることに慣れてから、再
チャレンジするとできるよう
になる。

効くツボ
① サポートありでもぐる
② もぐってじゃんけん
③ 勝つまで水中じゃんけん

息を吐ききって背中を丸めてもぐる

背中を丸めて、肺の息を吐ききってもぐる。このとき、パパ、ママは子どもの肩をつかんで、ぐーっともぐらせる。あまり強く上から抑えつけないこと。できない子は、パパ、ママと手をつないで一緒にやるとできるようになってくる。

水中じゃんけんはジャンプ呼吸の呼吸法

効くツボ1で、もぐれるようになったら、次は水中でじゃんけん。途中で体が浮いてしまうようなら、階段や手すりにつかまって行う。また、パパ、ママが子どもの肩を抑えながらでもOK。呼吸はジャンプ呼吸と同じ要領で何回かくり返す。

勝つまで水中でじゃんけんを続ける

効くツボ2の応用で、長くもぐりながら、じゃんけんをする。ルールは、じゃんけんに勝った人だけ息を吸うことができ、負けた人はそのまま水中で待つ。この練習は、長時間もぐる・泳ぐための練習の準備段階の役割がある。

やってみよう Let's
ひとりでもぐる

パパ、ママのサポートなしで効くツボ1ができるようなら、ひとりでもぐってみよう。水中でしゃがんで、ヒザを抱えるようなイメージをすると、うまくもぐることができる。

できないときはここをチェック

水中じゃんけんを何回もやりすぎて、子どもの息が続かなくなってしまうことがある。様子を見ながら楽しくできる回数で。

浮力にまかせて 自然に体を浮かせる

> 💡 **コレが できる!** だるま浮きで自然に体が浮くことを体感し、泳ぎのイメージをつかむ

浮力にまかせて浮いて 泳ぐ基本を身につける

　もぐることは、浮力に逆らう動きだが、ここでは**浮力に身をまかせて浮く練習**をする。泳ぐうえで浮くことは必ず身につけなくてはいけない。

　いきなり体を伸ばして浮くのは難しいので、最初はヒザタッチからスタートして、だるま浮き、上の写真のまりつきへと進む。子どもによって、体が浮きやすかったり、沈みやすかったりするので、無理に浮かせようとしなくていい。

 効くツボ
① **ゆっくりヒザタッチ**
② **体を丸めてだるま浮き**
③ **足を先に降ろして立つ**

肩まで水に沈んで
足が浮いたらヒザタッチ

肩まで水に沈んで、ゆっくりヒザをタッチする。そのとき注意するのは、ジャンプをしてヒザを上げないこと。勢いをつけずに静かに足を床から離すと、フワーと足が浮いてくる。その浮力を感じながらヒザをタッチしてみよう。

あごを引き背中を
丸めてだるま浮き

お辞儀をするように後頭部まで水につける。すると自然に足が上がってくるので、そのヒザを抱えてだるま浮きをする。コツは、なるべくあごを引いて背中を丸めること。写真のように、背中が浮く子もいれば、お尻が浮く子もいる。

だるま浮きから足を
降ろして立ち上がる

だるま浮きの後、立ち上がってみよう。だるま浮きは、浮き方の練習でもあり、立ち方の練習にもなる。頭から上げようとするとおぼれてしまうので、頭を上げる前に足を下に降ろし、足が降りたのを確認してから、最後に頭を上げること。

やってみよう Let's だるま浮きでまりつき

だるま浮きができたら、まりつきをやってみよう。子どものだるまをまりに見立て、パパ、ママが押したり引いたりする。ここで、子どもは浮力をより感じることができる。

✎ できないときはここをチェック

だるま浮きから立つとき、最初に頭を上げようとバタバタしがち。「今、見た？」と言って、足を降ろすことを徹底させる。

水泳の一番ニュートラルな形のクラゲ浮きをする

> **!コレができる!** 全身を脱力してクラゲ浮きをして、泳ぎにつなげる体勢をつくる

泳ぎにつなげやすいクラゲ浮きで浮力を感じる

浮力を身につけながら、水に沈む、おぼれる、息ができない、体をうまくコントロールできない、という恐怖心をなくしていこう。

自分よりも体の大きなパパ、ママを持ち上げることで、水中だから体感できる**浮力の楽しさ**も学べる。

だるま浮きは体を丸めていたが、**クラゲ浮きは、泳ぎにつなげやすい体勢**になっていて、これが水泳の一番ニュートラルな形。

 効くツボ
① **全身脱力でクラゲ浮き**
② **クラゲ浮きで引っ張る**
③ **パパママを抱っこする**

ヒジやヒザを伸ばして体を解放するクラゲ浮き

だるま浮きより体を解放して自由にするクラゲ浮き。ヒジやヒザを伸ばして、全身を脱力する。自然と両手両足が広がるイメージを持つこと。ここでは、手足の伸ばし方についてパパ、ママは言わずに、だらだら脱力していればOK。

手を引っ張られてもっと体が浮くのを実感

子どもがクラゲ浮きをして、パパ、ママが縦や横などいろいろな方向に手を引っ張る。引っ張られると、もっと体が浮くことを子どもが実感する。頭は水中に入れ、息が続かなくなったら、だるま浮きと同じように足から立つ。

パパママを抱っこして力持ち自慢

小さい子どもでもできる、パパ、ママのお姫さま抱っこ。親は脱力して仰向けになり、首だけ出して全身水に沈める。子どもはお姫さま抱っこをして、浮力のおもしろさを感じる。また、水の中では力持ちになれる、という自信をつける。

やってみよう Let's クラゲ浮きを子どもが引く

体が大きい子どもは、クラゲ浮きをしたパパ、ママを引っ張ってみよう。ここでは子どもが自分の浮力に負けずに、親をしっかり引っ張れるかをチェック。下半身強化にもつながる。

できないときはここをチェック

クラゲ浮きでヒザや腰が曲がっていると沈む。頭が上がっていると腰が沈むので、子どもにおへそを見るようアドバイスしよう。

浦島太郎とイルカになって 楽しみながら上達する

> 💡 **コレが できる!** パパママのサポートで、もぐる、浮く、ジャンプ、で水の抵抗を感じる

パパ、ママと一緒に泳いで 早く上達する

　まだ自分で泳ぐことができなくても、パパ、ママの力を借りて泳げることを体感する。泳ぐ楽しさを感じられれば、子どもは上達しやすい。

　これまでの練習の浮いたり沈んだり、引っ張ったりするものに加え、背浮き、ジャンプなどで**水の抵抗を楽しむ**練習をする。

　子どもは床が見えないと怖くて力が入りやすいので、**パパ、ママが最初はサポート**すること。

 効くツボ
① パパがカメ、子どもが浦島太郎
② サポートつきの背浮き
③ 水に飛び込むイルカ飛び

親子で一緒に沈んで泳ぐことを体感する

パパ、ママが泳いでその上に子どもが乗る。イメージはカメと浦島太郎。パパ、ママの腕は平泳ぎ、脚はバタ足で、子どもはその胸のあたりにつかまる。手足を動かすと前に進む、ということを上に乗った子どもに体感してもらう。

パパママがしっかりサポートをして背浮き

上向きになる背浮き。これは必ずパパ、ママのサポートつきで行う。いままで下向きだったので、この姿勢が怖い子どももいる。そこで子どもの頭と腰をしっかり支える。子どもは口呼吸をせず、鼻で吐き口からパッと吐いて呼吸する。

イルカのように頭から飛び込む

頭から水に飛び込む練習。背中を丸め、お尻をギュッとあげてジャンプをして飛び込む。ここで大事なのは、鼻からおもいっきり息を吐くこと。あごが開かないように、指先と頭のてっぺんから水に入って、イルカようにジャンプする。

やってみよう Let's ハードルはパパママの腕

イルカ飛びで、パパ、ママが水面ぎりぎりの位置に腕を伸ばして、ハードルの役目をする。子どもはその腕を飛び越えるように勢いをつけてジャンプするとうまくいく。

できないときはここをチェック

イルカ飛びのとき、パパ、ママは子どもの、あごを引く、背中を丸める、お尻を上げる、ヒザを伸ばすことに注意しよう。

持久力をアップさせながら
距離を意識して進む

> 💡 **コレが
> できる!** 距離を意識して心肺持久力と筋持久力を向上させ、進める距離を伸ばす

距離を意識して
やりきることを身につける

　いままでの復習で、それに**距離を意識**することをプラスする。距離を伸ばすと、心肺持久力と筋持久力がアップする。25メートルプールなら25メートル、15メートルしかなければ15メートル進むことを目指そう。

　いままでは、その場での練習だったのが、ここでは「**やりきる**」**という感覚**を身につけるのがネライ。

　パパ、ママは「もうちょっと!　頑張れ!」と励ましながらやろう。

効くツボ
① ジャンプ呼吸で前に進む
② パパママを引っ張る
③ くも歩きで速く進む

バランスを崩さず
ジャンプ呼吸で進む

No.13 効くツボ 1 のジャンプ呼吸を参考にして、25 メートル進む。手を頭の上で組み、ジャンプすると同時に前に進む。このとき、心肺持久力と腹筋が鍛えられる。また、バランスを崩さずに自分で体をコントロールできるようになる。

脚力をつけるために
パパママを引っ張る

パパ、ママを引っ張って脚力をつける。親は子どもの腰につかまり、上半身が出るくらいの水深で、子どもは親を引っ張る。できれば子どもが走ると、より脚力の強化につながる。けっこうハードな動きなので、最初は歩くだけでも充分。

腕でダッシュ
くも歩き

No.11 効くツボ 3 の手を使って歩くくも歩きの長距離バージョン。違いは、スピードを上げて速く進むこと。ここでは、腕の力をアップさせて、腕の持久力をつける。できるだけ腕を大きく広げて、足は使わずに腕だけでダッシュしてみよう。

やってみよう
Let's 隣でパパママもジャンプ

効くツボ 1 のジャンプ呼吸は、パパ、ママも子どもの隣で一緒にやってみよう。前に出てもいいので、あくまでの一緒に楽しむと、あっというまに 25 メートル進める。

できないときはここをチェック

くも歩きをコースロープを使ってやるとキケン。回転して子どもが下に入ってしまったり、苦しくなるとコースロープにつかまるクセがついてしまう。

体を安定させて水をかく
筋力を鍛える

!コレができる! 体を安定させ、水をかくために背中と胸の筋肉と二の腕と腹筋を鍛える

心肺持久力を強化して
フォームを安定させる

　No.18 と同じく心肺持久力を強化するトレーニングをやってみよう。違いは距離を意識するものではないこと。水の中で**体を安定する筋力**と、**水を確実にかく筋力**を身につける。これによって、泳いでいるときのフォームを安定させることができる。

　パパ、ママは子どもが**しっかり呼吸できているか、水を手で押せているか**をチェックしよう。

効くツボ
① 胸の前で水をはさむ
② 後ろに腕を伸ばして戻す
③ ヒザの裏で手をたたく

水をはさみこんで胸と背中を鍛える

肩まで水につかり、足を前後に開く。息を吸いながら手のひらを後ろに向けて腕を広げて胸を開く。次に息を吸いながら手のひらを内側に向けて胸の前で水をはさむ。息を吸うときは背中が、吐くときは胸が鍛えられる。左右の足を各10回。

ピヨピヨと後ろに水を押す

イスに座るように中腰になり、ヒジを動かさずに水を後ろに押し出す。ひよこの動きをイメージして「ピヨピヨ」と言いながら10回を2セット。ここでは二の腕を鍛える。手首のスナップをきかせながら、後ろに水をはじくようにやろう。

ヒザを引き寄せてヒザ裏で手をたたく

No.15 効くツボ1の姿勢と同じく、肩まで水に沈み、ヒザタッチの代わりにヒザ裏で手を叩く。このとき、ヒザをぐっと胸に引き寄せて腹筋を使うことが大切。10回を2セットやろう。パパ、ママも一緒にやると、シェイプアップにもなる。

やってみよう Let's トップスイマーになる筋トレ

水泳選手は、胸と背中の筋肉が発達している。速く・長く泳ぐために、しっかり筋力をつけよう。また、二の腕の筋力は、水を後ろに押すクロールの動作で必要になる。

できないときはここをチェック

力を入れる動きはすべて、息を吐きながらする。効くツボ1から3の筋力トレーニングは、大人にも効果的なので、パパ、ママも一緒にやってみよう。

いままで身につけた動きで高度な技に挑戦しよう

> **!コレができる!** 基本を活かしてヒーロー・ヒロインになれる上級編の一芸を覚える

**いままでの基礎を活かして
ヒーロー・ヒロインになる**

いままでが基本編だとすると、ここは上級編になる。逆立ち、でんぐり返り、輪っかをつくるのは、**どれも高度な技**。これができれば、必ず自信がつき、友達に見せればヒーロー・ヒロイン間違いなし！

高度な技なので、いままでの基礎ができていないと、完成するのが難しい。できない場合は、**もう一段前のステップに戻って**、確実に身につけてから、再チャレンジしてみよう。

効くツボ
① イルカ飛びで逆立ち
② だるま浮きででんぐり返り
③ 泡で輪っかをつくる

イルカ飛びのように
鼻から息を吐く逆立ち

No.17 効くツボ3ができてからやってみよう。鼻から息を吐いてもぐり、頭を腕の間に入れ、床に手がついたら、背筋を起こし、お尻をぐっと上に上げる。最初はヒジやヒザが曲がっていい。パパ、ママは陸上でやるように脚をサポート。

いっきに回転させる
パパママのサポートが必要

でんぐり返りは、頭から水に入り、だるま浮きの要領で体を丸める。ここでは、パパ、ママのサポートが必ず必要。もぐった子どもの勢いが止まりそうになったら、子どもの背中とお尻を持ってためらわずにいっきに回転させる。

鼻をつまんで
勢いよく「ぽん」

泡で輪っかをつくるのは、なかなか難しい技。まずは、パパ、ママがお手本を見せてあげよう。おもいっきり息を吸ってから深くもぐって上向きになり、鼻をつまんで勢いよく「ぽん」と息を吐く。すると空気のリングができて、子どもは大喜び。

やってみよう Let's 怖くなる前にサポート

でんぐり返りは、平衡感覚を失って天地がわからなくなり、子どもはいっきに怖くなってしまうことがある。パパ、ママの素早いサポートが決め手になる。

できないときはここをチェック

逆立ちで姿勢が安定しない場合は、子どもの目線を確認してみよう。目線を床に合わせると、安心して姿勢もバランスがとりやすくなる。

53

子どもが
学ぶときの特徴
「なんで?」「どうして?」

子どもは集中力が長く続かず、また質問攻めが大好き。
子どもによくある学びの特徴を知ろう。

R A N K I N G

1 子どもは理屈で覚える
練習課題を与えると、多くの子どもは「なんで?」「どうして?」と質問してくる。
だから、なぜその練習をするのかを子どもに示そう。

2 すぐに飽きる
たとえばストレッチでも、それだけやらせると子どもは飽きる。リズムをつけた
り歌を歌いながらなど、工夫することが必要。

3 途中に遊びを入れる
プールで練習していても、途中で遊びたくなるのが子どもの特徴。遊びを取り
入れたほうが、水泳は上達するので、遊びを優先する。

4 必ず見本を示す
親が見本を見せたり、プールで上手な人がいたら見せるようにする。水泳競技
のテレビや、イルカや魚の映像を見せるのも効果的だ。

5 言葉数を少なく
いろいろなことを一度に言うと、子どもは混乱して何もできなくなってしまう。
ひとつができたら次にいくというように、積み上げていく。

教え方に一貫性を持たせる

　水泳教室でもあることだが、子どもに練習方法を説明していると「あの先生はこう言ってたよ〜」と子どもから言われることがある。

　これと同じで、パパとママが違うことを教えると、子どもはどちらの言うことを聞けばよいのか混乱する。これは、日頃のしつけと同じだろう。

　また、親は同じことを言っているつもりでも、表現の仕方によって、子どもには違うことに聞こえることもある。両親はよく話し合い「ママが間違っていたわ。パパのやり方で練習しようね」というように、1通りの教え方にまとめよう。

PART 3

基礎フォームを身につけるための

クロールの体の使い方と呼吸

バタ足と腕の回転、息継ぎを練習する。
ここでフォームと軸を整えて
クロールの基礎となる体の動きを覚えよう。

コツ No.21 ▶浮き方

壁を使ったスタートの
方法を練習する

💡 コレができる! 壁を蹴って推進力を得て、背中を伸ばしたけのびで基本姿勢を整える

スイミングスクールでも最初に行う練習

　壁を蹴って前進し、基本姿勢を整える練習をする。蹴って伸びることから「けのび」という水泳の基本。

　壁を蹴る力で推進力を得る。最初は No.16 のクラゲ浮き、慣れてきたら No.1 の基本姿勢がとれるようにする。

　壁に片足をつけたとき、背中を壁にもたれかけないこと。また、体の軸が乱れないように、まっすぐ伸びよう。

 効くツボ
① 足を壁につける
② かがんで腕を伸ばす
③ 壁を蹴ってけのびをする

肩まで水につかって
片足を壁につける

まず、肩まで水につかり、手のひらを下に向けて両腕を平行に前に伸ばし、片足を壁につける。腕は水中より上げないようにする。腕を反らせて指先が水面から出てしまってはダメ。パパ、ママは手首が曲がらないように気をつけよう。

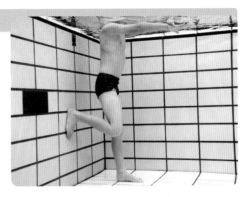

お辞儀をするように
後頭部まで水につける

効くツボ1の状態からお辞儀するように上体を曲げ、後頭部まで水につける。両腕の下に、頭を入れるようなイメージでお辞儀をして、鼻から息を吐くこと。後頭部まで水につけないと、下半身が沈んでしまうので気をつけよう。

両足で壁を蹴って背中を伸ばし
けのびで前に進む

後頭部まで水につけてプールの底が見えたと同時に、両足を壁につけておもいっきり蹴り、左ページの写真のように背中を伸ばしてけのびになる。水に顔をつけたときから、「ふ〜ん」と鼻から息を出し、息が続くまでけのびで進む。

やってみよう Let's
推進力で安定感を

スタートしてけのびが始まったら、パパ、ママは両手を引っ張って前に押し出したり、止まりそうになったら足を押して推進力をつけてあげると、基本姿勢が安定する。

できないときはここをチェック

けのびで進んだあとに立つときは、必ず No.15 で練習しただるま浮きを意識して、脚を床につけてから立つようにしよう。

22 ▶ バタ足の練習

足全体でしなるように
水を蹴る水中バタ足

コレができる！ NO.3で家で行ったバタ足練習を段階をふんでプールで実践する

足の付け根から
足全体を使ってキックする

水中でバタ足（キックともいう）の練習をしよう。

ヒザは曲げすぎないで、足の付け根から足全体を使って、しなやかにキックする。

両足が開かないように、**内ももがぶつかるように**バタ足するのがコツ。**足の甲を伸ばす**ことも忘れずに。

まずは、水に慣れるために座った状態で練習を始め、徐々に泳ぐスタイルにつなげよう。

効くツボ
① プールサイドで腰かけバタ足
② 足全体を使って腹ばいバタ足
③ けのび姿勢で壁バタ足

プールサイドに座って
斜め前に向かってバタ足する

プールサイドに座ってバタ足をする。No.3で家で練習したことを、プールで実践する。プールサイドに座って両足を30度くらい傾け、水の中に入れるのがポイント。そこから真上ではなく、斜め前に水しぶきを飛ばすようにバタ足する。

足全体を伸ばす意識を持ち
腹ばいになってバタ足する

No.3で家のベッドやテーブルの上で行ったが、それをプールで行う。プールサイドにうつ伏せになっても足の角度は30度が目安になり、水中で足全体を使って動かすようにする。実際の水泳の動きに、より近いバタ足の練習になる。

泳ぐイメージを持って
壁に向かってバタ足の練習

いよいよ全身水の中でのバタ足練習。プールの壁に手を添え、後頭部まで水につけて、けのび姿勢になりバタ足する。最初は腰が落ちないようにパパ、ママの腰のサポートも必要だが、できるようになったら、ひとりでやってみよう。

やってみよう Let's 足首を持ってサポート

子どもの足首を持って、水中での30度の角度で、早いリズムでのキックを認識させる。3つの練習ともに、前半15秒サポートし、後半45秒ひとりでバタ足したら休憩。これを各2セットする。

できないときはここをチェック

腰かけキックでは、肩を振らないように気をつける。パパ、ママは必ず自分の足を見せ、足の使い方を客観的にわからせるようにしよう。

パパ、ママのサポートで
子どもに基本姿勢を身につけさせる

バタ足の基本姿勢を
覚えさせるためのサポート

　けのびからバタ足をする練習では、パパ、ママのサポートのしかたを紹介する。子どもはバタ足で前に進んでいくので、一緒に進みながらサポート。

　重要なことは、**基本姿勢や基本の体の動きを子どもに体得させる**こと。ひとりで泳がせると、腰が落ちてしまうので、腰にヘルパーをつける。もしヘルパーがなければ、腰が落ちないようにお腹の下に手をそえてパパ、ママがサポート。

効くツボ
① 手を引いたサポート
② 足首を持って足のサポート
③ ひとりバタ足でフォームをチェック

水面から手が出ないように触れるようにサポート

子どもの手が水面から出ないように、手のひら1つ分下で、触れるようにサポートする。始めは後ろ向きに歩きながら子どもと一緒に進むが、最後はスーッと触れていた子どもの手を引いて、推進力を与えて前に進めてあげるとよい。

子どもの足首を持ち胸の下でサポートする

腹ばいでバタ足したときのサポートを、前に進みながら行う。パパ、ママは前かがみで子どもの足首を持ち、自分の胸の下でバタ足させるようにする。腰の位置をチェックしながら少し前に押すようにして、推進力を出してあげよう。

腰が落ちないようにしてひとりでバタ足する

腰にヘルパーをつけ、子どもだけでバタ足をさせる。パパ、ママは足、頭などフォームのアドバイスを、その部分をタッチすることで注意する。水中は声は聞こえにくいので、声だけでなくその場所をタッチして注意もするようにしよう。

やってみよう Let's　ヘルパーのつけ方

ヘルパーはちょうちょ結びにしないと解けなくなるので、親が装着してあげる。水の中でつけるとヘルパーが浮くので、実際に使うときに体とヘルパーの間に隙間ができ、腰が沈んでしまう。

できないときはここをチェック

子どもの頭が水面より出てしまう場合は、左ページの写真のように子どものヒジを伸ばしながら後頭部をまき込み、頭が出ないようサポート。

きれいなフォームでバタ足が
できるように最終チェックをする

> **！ コレが できる!** 息が続く限り正しいフォームでひとりでバタ足できるように仕上げる

**常に腰を意識しながら
バタ足泳ぎを完成させる**

　No.23 で覚えた形を、自分でできるようにする。今度は腰にヘルパーをつけていないので、パパ、ママは**腰が落ちていないかを常に注意**。

　子どもへの注意は、動きを助けるサポートではなく、気づかせるサポートにする。けのびになり、息が続く限りバタ足するための総合的なチェック段階だ。二ヵ所以上注意をする場合は、①完全なサポート、②タッチアドバイス、③声かけの方法がかぶらないようにすること。

 効くツボ
① 腕を見ながら腰のサポート
② 自力バタ足の足のサポート
③ タッチで注意ひとりでバタ足

腕を見ながら
腰もチェック

腕が水面から出ていないかチェックしなが
ら、腰が落ちていたらお腹に軽く手を当
てて、腰の浮きをうながすようにする。腕、腰
はタッチして注意する程度にし、NO.23のよ
うに完全なサポートはせず、子どもが自力でで
きるようにしよう。

足と腰のサポートは
太ももで行う

足の動きを見ながら、腰が落ちないように
注意するには、子どもの太ももを軽く支
えてサポートする。あくまでも子どもが自力で
バタ足することが目的なので、太ももを強く下
へ押さえないようにしよう。このサポートで腰
の補助にもなる。

泳ぎを見ながら
総合的にチェックしていく

ひとりで泳げるようになったら、パパ、マ
マは一緒に前に進みながら、気になる部
分をタッチして注意をうながすようにする。言
葉をかけるときは、ポジティブな言葉をかけて、
子どもにやる気を起こさせることも上達のヒケ
ツだ。

やってみよう
Let's できなくても怒らない

子どもはひとつのことにしか集中できないの
で、腕、頭、腰、足など声だけで注意しすぎず
サポートを使い分けよう。ここでパパ、ママが
いらいらしないようポジティブトークで。

できないときはここをチェック

バタ足で基本姿勢を保つことは、す
べての泳ぎで重要なこと。この段階が
クリアできなければ、前に進めないと
いう気持ちで仕上げていこう。

25 ▶背浮きバタ足

背浮きでバタ足
フォームと軸を整える

> **!コレができる!** 背浮きをすることで背中からの水圧を経験しフォームを安定させる

基本姿勢を修正するためのトレーニングになる

基本姿勢をきれいに作るために、背浮きを練習する。

いままでは下向きで水中を泳いでいたが、水から受ける力をいろいろな方向から体験するため上向きで進み、早いうちにフォームを整えていく。

腰が反っていた子どもも、**背浮きを体験すると軸が安定**することもある。基本姿勢を修正するために、背浮きは重要な練習になる。鼻から「ふ～ん」と吐き口から「パッ」と吐いてから吸う。

 効くツボ
① 上向きになり力を抜いて浮く
② バタ足をして頭を引っ張る
③ 腰と頭を見ながら進む

パパママのサポートで
背浮きをする

パパ、ママが頭と腰をサポートして、No.17で体験した背浮きにする。全身の力を抜いて顔は天井を向き、おへそを突き上げるように言ってあげよう。慣れてきたら、この状態で水中を移動してみる。ただし、子どもは浮いているだけ。

背浮きの状態から
バタ足で前進する

子どもは背浮きの状態でバタ足をし、パパ、ママは頭を持って前進させる。これで腰はやや浮くが、それでも沈む場合は、下腹が浮くところまで腰もサポートすること。徐々に腰のサポートをなくし、声をかける程度にして自力で泳がせる。

腰・頭をチェックしながら
ひとりで背浮きのバタ足をする

ひとりでバタ足ができるようになったら、パパ、ママは腰と頭を重点的にチェックして声をかけよう。子どもが進んでいったら、左の写真のように足を持って押し出して、推進力をつける。効くツボ1から、一連の動きで行うようにしよう。

やってみよう Let's　長時間バタ足が可能

この本ではあえてビート板を使った練習をしていないから、長時間バタ足の練習をすることが難しい。背浮きを覚えると息が確保されるため、長時間バタ足の練習をすることが可能になる。

できないときはここをチェック

軸が安定しているか確認。これでクロールに必要なローリング動作に対応することができる。背浮きバタ足は、クロール上達練習の基礎になる。

背浮きスタートで
なるべく長く泳げるようになる

コレが できる! 壁キックでスタートし、背浮きで呼吸しながら長い距離を泳ぐ

長い距離を泳ぐには あごと腰の位置がポイント

　パパ、ママのサポートをなくし、子どもが自分でスタートして背浮きバタ足をする。全身の力を抜いてなるべく長く泳ぎ、フォームを安定させ、キックの持久力をつける。

　子どもがひとりで泳ぐようにし、親は**手は貸さずに声かけのアドバイスをする**ようにしよう。よくかける言葉は「あご引いて」「あごを上げて」「おへそを突き上げて」。あと、人や壁にぶつからないように方向を指揮する。

効くツボ
① 耳までつかって壁からスタート
② あごを引いて体を伸ばす
③ 泳げるだけバタ足をする

効くツボ 1

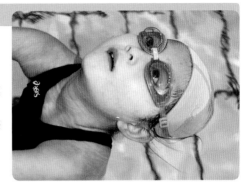

スタートでは耳がつかるように後頭部を水につける

プールサイドをつかみ、両足を曲げて足裏を壁につける。後頭部を水につけて耳まで水につかる。耳まで水につかると、浮力を感じることができる。これでスタート準備が完了。パパ、ママは子どもに浮力を感じるか確認してみよう。

効くツボ 2

壁を蹴ったら背中を伸ばしあごを引いて進む

壁を蹴ってスーッと頭の方向に進む。このとき、あごを上げていると、蹴った勢いで頭が水に沈んでしまう原因になる。蹴ったら背中を伸ばしつつ、あごを引く。もしあごが上がっていたら、タッチアドバイスで気づかせてあげよう。

効くツボ 3

ひとりでできるだけ長く泳ぎ続ける

効くツボ2の体が伸びた状態で、バタ足をして進んでいく。パパ、ママは声をかけながら、正しいフォームを子どもに身につけさせる。長く泳ぎ続けられるように、パパ、ママも同じペースで一緒についていってアドバイスをする。

やってみよう Let's　あせりは禁物

子どもはどうしても力んでしまうが、肩をすくめたり、力み過ぎないようにする。それには、No.25の練習で脱力を身につけていることが大切。パパ、ママはあせらずゆっくり上達させよう。

できないときはここをチェック

あごの引き具合が、子どもにはなかなか理解できない。あごの引きすぎ、上げすぎがないように、顔は天井と平行になるようにチェックしよう。

前方で手を重ねる
基礎クロールの腕の回転を疑似体験

コレができる！ 水の中で水の抵抗を感じながら、クロールの腕の使い方を覚える

**前かがみで体勢を確保し
頭を水につけて腕の回転練習**

　プールサイドに手を置いて、頭を水につけて前かがみでの腕の回転を練習する。小学生以下の小さな子どもは、前かがみで頭を水につけるとお尻が浮いてしまう。そのときは、浅いところで練習するか、プールサイドで行おう。

　クロールの基礎、前方で手を重ねるクロールの**腕の回転を疑似体験**する。呼吸が続く限り練習を続ける。力を入れずに**大きく腕を動かす**ことが大切。

効くツボ
① 軸を整えてスタート体勢
② 水のかき・押し
③ 腕を回転させてリカバリー

タイルの目地を利用して
体の軸を整える

タイルの目地に、重ねた両手をあわせて乗せる。その線に体の軸もあわせて軸を整え、頭を後頭部まで水につけて両腕ではさみこんでクロールの腕の回転のスタート体勢を作る。練習中は鼻から息を「ふ〜〜〜ん」と吐き続けよう。

体の中心の下を中指が通るように
水をかいてから押しきる

片方の手を水に入れ、体の軸の下を中指が通るようにして深く弧を描き、太ももを叩く。そのまま手のひらで水を後方に押し切る。腕に意識がいってしまい頭が上がってきたら、パパ、ママはタッチして注意する。ここでも鼻から息を吐く。

効くツボ3

回転が終わったら、必ず
スタートポジションに戻る

横に胸を開いて小指を高く上げ腕を回転させ、効くツボ1のスタートポジションに戻る。次はもう一方の腕を回転させる。必ず一度はスタートポジションになり、手を重ねて軸をあわせるようにしよう。効くツボ1から3をくり返す。

やってみよう
Let's 歩きながらクロール

前かがみでの練習が身についてきたら、水中を歩きながら腕の回転をしてみよう。脇の下あたりの水位で、スタートの基本姿勢から始める。重要なことは、手のひら側で水をかき、押しきること。

できないときはここをチェック

水に下半身を浮かせて腕の回転をしてみよう。このとき、必ずしもバタ足をする必要はない。息が続く限り、腕の回転を続けてみよう。

基礎クロールの
練習を始める

❗コレができる！ バタ足と腕の回転を一緒に行いクロールの泳ぎに近づける

**ヘルパーをつけて
腕と足に練習目的を集中**

　腕と足を一緒に使うコンビネーショントレーニング。手と足に気持ちがとられて、腰が沈んでしまうので、最初はヘルパーをつけて練習するのがベスト。

　いままでは水遊びの延長だったが、ここからはクロールの泳ぎが意識できるので、水泳がおもしろくなってくる。ここでは、子どもはおもに**腕のフォームに意識**をおいて練習するよう心がけよう。足は、無意識にひたすらキックをする。

効くツボ
① 腕の回転と足のサポート
② 体の軸を通って手のサポート
③ 軸を安定させる体の軸のキープ

子どもに腕の回転を意識させながら、足をサポート

壁に手を添えて、浮いた状態での腕の回転は No.27 で練習したが、それにバタ足を組み合わせて行う。パパ、ママは子どもの足首に手を添えて、バタ足のサポートをする。息が苦しくなったら一度立って呼吸を整えてから、もう一度くり返す。

腕の送り出しをサポートし水のかき、押しを認識させる

壁から離れ、パパ、ママが子どもの手を持ってバタ足をさせる。このとき、腕を体の下に送り込ませ、太ももにタッチさせてから腕を送る。腕のサポートはやりにくいが、腕が体の軸の下を通って水を送り出すことを覚えさせる。

体の軸の延長線上に手を置き必ず軸を安定させる

両腕が前に伸びているとき、常に体の軸に戻ってきて、体勢をリセットすることが大切。パパ、ママは進んでいく子どもの体の軸の延長線上に手を置き、子どもがその手のひらに帰ってくるように位置を示すと体の軸を安定させられる。

やってみよう Lets
顔前呼吸は厳禁

パパ、ママは子どものサポートに熱中して、子どもが苦しくて顔を前に上げて呼吸していることに、気づかないこともある。フォームが乱れないよう子どもが苦しくなったら、立たせる。

▶ できないときはここをチェック

効くツボ３では、子どもが手のひら１つ分水面より下でタッチできるように、パパ、ママは手のひら２つ分、水面より下に手を置くようにしよう。

息継ぎの練習の前に
クロールのフォームを完璧にする

> **!** コレが
> できる! ヒーローになるために、基礎クロールの完璧なフォームを確認する

**けのびから8メートルを目指して
クロールにチャレンジ**

ここではヘルパーを使わないで、**息継ぎなしのクロールのフォームを安定させる。**つぎの練習からは呼吸が入ってくるので、ここで完璧なフォームを確認しよう。

No.21 のように、泳ぎはじめは壁をけってけのびからバタ足に入り、次に腕のかきが入るような流れをつくる。

8メートルを目指してクロールの完成にチャレンジ。無呼吸クロールで、より長く泳げるようにがんばってみよう。

 効くツボ
① ヘルパーなし腕のサポート
② ヘルパーなし足のサポート
③ 息をしないクロールの完成

効くツボ 1

手はパパママにまかせ
足の動きを意識する

ヘルパーなしで No.28 効くツボ 2 を行う。パパ、ママは腕をサポートしているが、「もっと元気よくバタ足して〜」というように、足の動きをアドバイスすることを忘れないように。子どもは手の動きはパパ、ママにまかせつつ、足の動きを意識する。

効くツボ 2

足はパパママにまかせ
腕の動きを意識する

効くツボ 1 とは逆に、子どもは足の動きはパパ、ママにまかせ、腕の動きを意識する。パパ、ママは子どもの足を動かしながら、腕の動きのアドバイスをする。胸を開く、あごを引く、手が反っているなどの注意点を声かけしよう。

効くツボ 3

途中無呼吸を入れて
なるべく長い距離を泳ぐ

パパ、ママがいるところまで、息継ぎなしのクロールで泳いでみよう。まず、大きく口から息を吸ってから、肺に酸素をためてスタートする。苦しくなったら鼻から息を少しずつ吐き、限界になったら立ち上がる。

やってみよう Let's　何の練習かを認識

練習をはじめるときは、練習の意図を子どもに知らせる。実際にクロールをはじめると、何を練習しているのかわからなくなる恐れがある。親子ともに何の練習かを認識することは大切。

できないときはここをチェック

効くツボ 1、2 ともに、最後は子どもから手を離すようにする。腕のサポートなら腕を引いて押し出し、足のサポートなら足を押して送り出す。

腕の回転と息継ぎの
タイミングを前かがみで練習

> 💡 **コレが できる!** 前かがみの姿勢で腕のかきと息つぎのタイミングを身につける

**長く泳ぐために
息継ぎの練習をする**

　No.29 で完成させたクロールの腕の使い方を踏まえて、長く泳ぐために息継ぎの練習。

　まずは、前かがみの姿勢で**腕のかきと、息継ぎのタイミング**を身につける。子どもがなかなかタイミングをつかめないときには、右の写真のようにパパ、ママが腕の動きをサポートしながら、頭を軽く押して水面と顔の位置関係をアドバイスする。耳が水から出ず、頭の中心軸が進行方向に向くようにサポート。

効く ツボ
① 息を吐きながら太ももタッチ
② 胸を開いて「パッ」
③ 鼻からぶくぶくで入水

効く ツボ 1

鼻から息を吐きながら
水をかいて太ももタッチ

プールの目地に手を合わせて前かがみになり、耳まで水につけ頭を両腕ではさんで上体の基本姿勢をつくる。目線は真下を見て、息を鼻からぶくぶくと吐きながら、片方の腕が体の軸の下を通るように水をかき、太ももの内側を叩く。

効く ツボ 2

腕を回転させながら
「パッ」で息を吐く

体を胸から回転させながら腕で後ろに水を押し出し、口から「パッ」と息を吐いて吸う。このときの目線は、後方を振り返るようにする。顔を横向きにしても、頭の軸は左右にぶれないこと。顔の半分は水につかるぐらいに、あごは引く。

効く ツボ 3

鼻からぶくぶくしながら
再び入水する

「パッ」で息を吐いて吸った後に、息を吸い、鼻から息をぶくぶくと出しながら、腕を水上で回転（リカバリー）させ、もう一度入水して両手を前に重ねていく。3かき目で、1呼吸。左右交互に（つまり両方）各10回を目安に練習をしよう。

やってみよう Let's
左右均等に練習

呼吸をする方向は、左右同じだけ練習しよう。なぜなら、両方練習すると、体の筋バランスが整うからだ。片方のみの呼吸だけ練習すると、大人までの長い間に体にひずみが出る恐れがある。

できないときはここをチェック

左右の呼吸しやすさは、利き呼吸の方向が楽。後ろから呼ばれて、振り向くほうが利き呼吸。最初は利き呼吸から始め、両呼吸を覚えよう。

ヘルパーをはずして
クロールを完成させる

! コレが できる! 3かきに1回の呼吸方法で、ヘルパーがなくても泳げるようにする

**吸うことより吐くことを
意識させて楽な呼吸を**

　No.29と30の練習を踏まえ、呼吸を入れて基礎クロールを泳ぐ。**呼吸は「パッ」を心がける**。子どもはなにも**注意しないと、息を吸うことを意識してしまう。**パパ、ママは、「パッ」で吐くことをアドバイスし続けよう。

　基礎クロールの基本を、ここで完成させ、PART4以降の本格的なかっこいい泳ぎにつなげる。この段階でしっかり軸を整え、おさらいが大切。

効くツボ
① 腕のサポート
② 目標を持って泳ぐ
③ クロールで泳ぐ

効くツボ 1

腕をあげて「パッ」の
フォームをチェックする

　　　ルパーをつけて、3かきに1回の呼吸を
取り入れたクロールを泳ぐ。パパ、ママ
はとくに「パッ」のタイミングと、腕のタイミ
ングを見ていこう。徐々に泳ぎを完成させてい
くので、足など体全体のフォームをチェックし
ていく。

効くツボ 2

パパ、ママのいるところまで
ヘルパーをつけて泳ぐ

　　パ、ママがプールの中に立って、そこま
でヘルパーをつけたクロールをする。子
どもに目標を与えることは大切。まず8メート
ル先くらいに親が立ち、子どもに声をかけなが
ら泳がせる。これを1日練習して、翌日以降は
徐々に距離を伸ばす。

効くツボ 3

限界のところまで泳ぎ
距離を伸ばしていく

　　　ルパーをはずして、クロールの完成。子
どもが自力で泳げる限界を目指す。効率
の良い動きはまだ教えていないので、ここまで
の練習でのフォームがしっかりとできていても
少し苦しい練習になる。無理をしない程度でや
ろう。

やってみよう Let's
課題は2つまで

頻繁にプールに通えるなら、1日2個の課題まで
がよい。あまりたくさん注意しても、子どもには
残らないし、逆に身につかない。急に泳げるよう
になるわけではないので、じっくりと練習。

できないときはここをチェック

　　効くツボ3の限界まで泳ぐトレーニ
ングは、泳げる距離を伸ばすことが目
標。水泳に必要な心肺持久力も身につ
けることができる。

子どもが
小さいときから水泳をする利点

小さなときから練習すると、水泳がうまくなるだけでなく、
よい面がたくさんある。

R A N K I N G

1 心肺持久力がつく

心肺持久力はスポーツにも必要な要素。これが強くなれば、どんな運動をしても疲れなくなるので、運動を楽しくできるようになる。

2 忍耐力・集中力がつく

ひとつのことを一生懸命練習するようになると、気が散ることが少なくなる。学校の授業や他の場面でも役立つことが多い。

3 体が柔軟になる

体が柔軟になると、ケガをしにくくなる。また、今後ほかのスポーツをするようになっても、水泳で培った体幹の柔軟性が役に立つ。

4 自分に自信がつく

練習のたびにほめられると、自信がつく。苦しかった練習をやり遂げると達成感が出て、頑張ればできるという気持ちが芽生える。

5 水泳は一生できるスポーツ

水泳は生涯スポーツ。水泳ができること、好きになることは一生の宝。大人になってからも、健康維持やシェイプアップ、ストレス発散になる。

体が柔らかいうちに覚えるとトク

　体が柔らかいうちに泳ぎを覚えれば早く上達するし、大人になってから泳ぎを再開しても、感覚が戻るのが早い。

　大人になってから水泳を始めると、すでに体が硬くなっているので、腕が上がらなかったり、首が回らなかったりする。姿勢が悪くて背筋が伸びない人や、足首が硬くなって柔軟にバタ足ができない人も多い。

　子どもの間に水泳の学習をしておけば、たとえ途中で泳いでいない期間があっても、腕が高く上がったり、首を左右均等に動かすことができるようになる。

　「昔取った杵柄」が、水泳では通用するというわけだ。

PART 4

フォームを細かくチェックをして

かっこいいクロールを
マスターする

基礎を覚えたら、次は 25 メートル泳ぐための準備をする。
スタートのしかたや回転キック、呼吸クロールで
より実践的な練習をやっていこう。

手を滑らせて前に進み
体を伸ばしてより推進力をアップ

> **!コレが できる!** 水を押しながら前に伸びて進む、クロールの腕の使い方を覚える

**水を後ろに押すことを意識し
時間をかけて前後に伸びる**

　いままでの腕の使い方では
軸を整えることを先決にして
いたので、入水時にパチンと
手のひらを合わせていただけ
だった。ここからは、**滑らせ
て伸びる**運動を学んでいく。

　足先から指先まで体が伸び、
それが水の上で伸びて前によ
り多く進むことにつなげてい
く。**水を押す動作の時間を
長くして、一段上の泳ぎを
目指す。** まずは手のひらを滑
る感覚を子どもに体得させよ
う。No.33 へのステップに
なる。

効くツボ
① 手のひらをこする
② 手のひらすりすり
③ のびのびすりすり

効くツボ 1

前かがみになって
手のひらでこする

プールサイドに立ち、前かがみになって片方の腕の指先をプールサイドに乗せる。もう片方の腕を回転させ、すでに伸びている腕の手の甲を、もう一方の手のひらでこするように前に滑らせる。軸を保ったまま行うことがポイントになる。

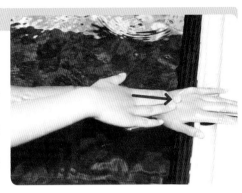

効くツボ 2

手のひらすりすりで
歩きながらクロールする

プールの中を歩きながらクロールする。片方の腕を前に伸ばし、もう片方の腕はクロールの要領で回転させる。その手が入水をするタイミングで、伸びている手の先に少し触れるように入水し、反対側の腕が水のかきに入る。これをくり返す。

効くツボ 3

腕のかき、水の押しで
のびのびすりすりする

タテに伸びるイメージを身につける。効くツボ2で手のひらをすりすりしたあと、腕のかきをつなげて太ももにタッチし、水を押しきって伸びる。タテに伸びながら初めはその場で練習し、次は前に進み、クロールでより前に進む感覚を持つ。

Let's やってみよう
タイルの目にあわせる

効くツボ1では、プールサイドのタイルの目を利用しよう。タイルの目に沿って指先を置き、その手に重なるようにもう一方の手を滑らせていく。こうすることで、体の軸が確認できる。

できないときはここをチェック

効くツボ2では、伸びている手の指先から、手のひら1つ分前に入水するようなイメージで、指を滑らせながら入水するのがポイント。

腕の回転と体の伸び
のタイミングを覚える

> **！コレが できる!** 泳ぎながら、手のひらではなく水をすりすりする要領で前に進む

左右の腕を連動させ
流れるような泳ぎにする

回転の動作を入れ、足はバタ足で**水の抵抗が少ないクロール**を目指す。

いままでは右手で水のかきが完了したら、次に左手で水をかくというタイミングで、片方ずつの動きで泳いでいた。ここからは、**左右の腕を連動**させ、一連のクロールの動きに変えていく。これにより推進力がアップし、流れるような泳ぎが実現する。パパママは「ぐいぐい」「のびのび」など、気持ちよく伸びられる声かけをしよう。

> 効くツボ
> ① 水をすりすり
> ② パパ、ママをタッチ
> ③ ひとりで泳ぐ

 **効くツボ1**

パパ、ママが手を引いて水をすりすりする

入 水時に手は重ねないで、水面にこすりつけるようにして泳ぐ。パパ、ママは回転を終えた腕が前に伸び、手のひらが水面をすりすりするとき、もう片方の腕は水中で水のかきに入っているタイミングで腕を引っぱってサポートしよう。

 **効くツボ2**

水をすりすりしてパパ、ママをタッチ

今 度は効くツボ1をひとりでやってみよう。体が前後に伸びることを意識させるため、パパ、ママが先に立っていて腕を伸ばし、子どもは伸ばした腕でパパ、ママの手を追いかける。のびのびすりすりの流れをつかみ、腕の運びを完成させる。

効くツボ3

水をすりすり体をのびのびでひとりで泳ぐ

水 をすりすり、体をのびのびができるようにする。片腕が入水すると、もう片方の腕は水の押し出しへ、水を押して腕が水面から出て回転に入ったところで呼吸が入る。回転が終わると入水になり、もう片方の腕が水のかきに入る。

 やってみよう Let's
体を回転させる

胸から回転することを意識させ、腕をスムーズに使う。体を回転させると腕を大きく使うことができ、推進力が増す。パパ、ママはそのフォームを確認しよう。

できないときはここをチェック

2かき6キックがバタ足の基本。パパ、ママは腕の使い方を見ているのが精一杯だと思うが、もし余裕があったらバタ足の回数もチェックしてみよう。

浮力を利用して
ロケットスタートする

> **!** コレが
> できる！　水中からスタートすることで、出だしのスピードをつかむ

1・2・3のリズムで
素早いスタートを身につける

　いままでは、立っている状態からスタートしていたが、**トップスイマーと同じスタート**を覚える。

　スタートは**1・2・3のリズムで行う。1で沈むとき、顔は前**。顔を下に向けると腰が浮いてしまう。**2で蹴るときは、あごを引いて**水抵抗がかからないようにしよう。

　もぐり過ぎやお尻が浮いていたら注意しよう。

> 効くツボ
> ① もぐって壁を蹴る準備
> ② お辞儀をして体を倒す
> ③ 壁を蹴ってけのび

息を吐きながら水に沈み壁を蹴る準備をする

壁を背に立ち、片方の脚を壁につけた状態で、ふ〜〜んと息を吐きながら、上半身の力を抜いてタテ方向に水に沈む。水に沈むと浮いてしまう前に素早く、もう一方の脚も壁につけて、壁を蹴る準備をする。これがスタートの1になる。

上体は基本姿勢で素早く両脚で壁を蹴る

スタートの2は、水面とプールの底の中間あたりで上体を基本姿勢にし、前にお辞儀をするように体をぐっと前に倒して壁を蹴る。あごを引いて、なるべく水抵抗を受けないようにすることがポイント。少しお腹に力を入れよう。

両脚で壁を蹴って水中でけのびをする

スタートの3では、両足で壁を蹴って、水中でけのびの状態になる。水に沈んでからのけのびは、水中に浮いて行うより推進力が増す分、ロケットスタートのようにスピードが出る。1・2・3のリズムを大切にしてやってみよう。

やってみよう Let's 蹴ったらバタ足を入れる

スタート後には体が軽くなる浮力を感じながら、水中に浮かび出るまえに2回くらいバタ足を入れ、その後腕は水をかきを始める。

できないときはここをチェック

水にもぐりすぎると水圧で体が重たくなり、失速につながる。パパ、ママは子どもがもぐり過ぎないように注意しよう。

足幅と速さを使い分け
3つのペースを使いこなす

> **コレが
> できる!** バタ足の足幅やスピードを変えて、3つの速さを身につける

3つのペース配分で
泳ぎのバリエーションに備える

　バタ足のキックも、目的によってスピードを変える。

　たとえば陸上競技なら、マラソンと短距離走では走る歩幅とスピードが違ってくる。これと同じようにバタ足でも、**キックの幅によってペース配分**をする。

　足の動きに集中できるように、プールサイドに腰をかけて行う。**パパ、ママが手でリズムをとりながら、キック**の練習をしよう。

効く
ツボ
① ウォーキングペース
② ジョギングペース
③ ダッシュペース

大きな幅をゆっくり動かす
ウォーキングペース

ゆっくり長く泳ぎたい場合は、キックの足幅を広げてリズムをゆっくりにする。なめらかなキックの動きがポイントとなるウォーキングペース。パパ、ママは足をしならせるように、ていねいに動かすように声をかけていこう。

小さな幅を軽快に動かす
ジョギングペース

小さな開き幅にして、軽快な動きでキックする。ジョギングペースは、いままで行ってきた、2かき6ストロークと同じペース。ここでやる3つのペースに、それぞれ違った水の抵抗感があることを、子どもに認識させてみよう。

大きな幅を速く動かす
ダッシュペース

陸上の50メートルダッシュをイメージしてみよう。足の開き幅は大きくなって、さらに速さは全速力になるのがダッシュペース。バタ足でも、足の開き幅はジョギングペース並みに大きいが、キックの回数が多くなり、スピードが速くなる。

やってみよう
Let's ペース配分に役立つ

この3つのペースを子どもが理解できれば、子どもの様子に合わせて「ウォーキングペースで」と親が子どものペースをコントロールすることができる。

できないときはここをチェック

自転車の変速ギアと同じ。キックの幅と速さで、力の入れ加減も違ってくる。腕のかきに対応するためにも、変速技術を身につけよう。

腕とキックに注意して
呼吸をしながら背浮きで進む

!コレができる! クロールでの呼吸のタイミングのフォームを疑似体験する

体を回転させることで
続けて泳げるようにする

　No.25、26で練習した背浮きキックの上級編。

　体を回転させながら、**サイドキック→背浮き→サイドキック**をくり返しできるようにする。サイドキックは体が沈みやすく、子どもにとって難しいテクニックなので、最初はパパ、ママのサポートが不可欠。サイドキックでは「ふ〜〜ん、パッ」の呼吸も忘れずに。これを練習することで、体を回転させながら行う呼吸が上達する。

効くツボ
① **サポートなしの背浮きキック**
② **サポートつきのサイドキック**
③ **回転して①③を連続する**

サポートなしでの
背浮きを完成させる

腕を伸ばして基本姿勢になり、顔を天井に
向けて背浮きでスタートし、バタ足をす
る。腕を伸ばすことが無理なら、腕は体側に沿
わせても OK。すでに練習したことを思い出し、
体の軸を保ってひとりでもできるように背浮き
を完成させる。

サポートつきサイドキック
で前進する

片方の腕を伸ばし、伸ばしたほうの腕を
下側にする。難しければ腕がなくても
OK。顔が半分水に使った状態でサイドキック
(横向きのバタ足)で進む。パパ、ママは腕と
腰をサポート。目線は天井方向を向き、あごは
水面から出し呼吸する。

サイドキック→背浮き
→逆方向のサイドキック

効くツボ 2 のサイドキックから、体を回転
させて両腕を伸ばした背浮きになり、次
は逆方向の腕を伸ばしたサイドキックと、変化
させる。できれば、これをくり返す。慣れてき
たらパパ、ママのサポートがなくてもできるよ
うにしよう。

できないときはここをチェック

**サイドキックは左右の蹴りをバラン
スよく行わないと横に流れてしまうの
で、うまくコントロールできるように
注意しよう。**

回転キックで
長い距離の泳ぎに挑戦

**！コレが
できる!** 回転することで、泳ぎながら呼吸が続けられるようになる

長く泳げば持久力を
身につけることができる

　呼吸つきクロールで苦しくなったり疲れてきたら、前のページで練習したキックを活かし、回転しながらキックをして楽になろう。基本姿勢の軸を安定しながら、あごが開かないよう回転することを意識する。

　回転をして呼吸することで、**長くバタ足で泳ぐことがで**きる。長距離泳げれば足の筋持久力や、心肺持久力をつけることも可能。これをたくさん練習すれば、50メートル泳ぐ体力がついてくる。

効くツボ
① 伏し浮きでバタ足
② 体を回転させる
③ 背浮きをキープ

効くツボ1

基本姿勢を保ちながら
伏し浮きでバタ足

基本姿勢で軸を保ちながら、伏し浮きになってバタ足をする。息は鼻で「ふ～ん」と吐きながら泳ごう。No.24 効くツボ3で学んだ「サポートなしキック」を思い出しながら、練習を行う。この時点で軸が崩れないことがポイント。

効くツボ2

伏し浮きでバタ足しながら
体を回転させて呼吸する

胸の開きと腰の回転を利用して、勢いよく体を回してみよう。このとき、腰が落ちてしまうようなら、片腕で水をかいて勢いをつけてその方向に回転するか、腕を体側に沿った状態で行うと、基本姿勢のままよりはうまくいく。

効くツボ3

回転に成功したら
背浮きをキープ

効くツボ2で回転できたら、背浮きの状態で基本姿勢を保ちながらバタ足。背浮きがキープでき、息が続くようなら、回転して伏し浮きに戻る。回転は左右どちらに回ってもOK。25メートル×5回くらいは泳げるようになりたい。

やってみよう Let's
腕のかきを利用する

息をするタイミングで左右どちらかの腕で水をかく。水の推進力を利用しながら、かいた腕の方向に体を回転させ、上向きになる。回転時に顔が水から上がったら「パッ」と口で息を吐く。

できないときはここをチェック

効くツボ2では、まず親が腰をサポートして回転させるか、手を引っ張りながら回転動作をつけてあげると、体を回すタイミングがわかりやすい。

91

38 ▶楽な呼吸

呼吸の度合いと
タイミングを実感する

> **コレが
> できる!** クロールで長く泳ぐための、理想の呼吸法を身につける

「ふ～～ん」→無呼吸→「ファ」
で長く泳げる呼吸にする

いままでは「パッ」という
破裂音を出して息を吐いてい
たが、理想の呼吸を身につけ
るための練習をする。長く泳
ぐための楽な呼吸は**「パッ」**
ではなく、ドレミファの
「ファ」 に近い。「パッ」は
水が飛ぶが、「ファ」はあま
り水は飛ばない。

鼻から吐く息も、いままで
のように **「ぶくぶく」 で**
はなく「ふ～～ん」 にして、
出る泡が細かくなるようにす
る。

① **無呼吸の一瞬をつくる**
② **口からドレミ「ファ」**
③ **鼻から「ふ～～ん」**

効くツボ 1

鼻から「ぶくぶく」の次に
無呼吸の一瞬をつくる

プールに立って前かがみになり、クロールをイメージして腕を前に伸ばして壁をつかむ。息を鼻から出し、次にいったん吐くのを止め、無呼吸の一瞬をつくる。体の中に酸素を残しておくと、ずっと吐き続けるより楽なことを体感しよう。

効くツボ 2

水中から顔を上げる瞬間に
口からドレミ「ファ」

効くツボ1の状態から、クロールをイメージして腕で水をかき出しながら、鼻から息を吐き、顔を水から上げた瞬間に口から「ファ」と残っている息を吐く。「ファ」で息を吐き出すので、次の瞬間は意識しなくても息を吸う瞬間がくる。

効くツボ 3

息を吸ったら、鼻から
「ふ〜〜ん」と吐きながら再び入水

効くツボ2で吸った息を鼻から「ふ〜〜ん」と吐きながら、再び入水する。今までの鼻からの息の吐き出しは「ぶくぶく」だったが、ここでは「ふ〜〜ん」にして、鼻から出る泡を小さくする。これで、楽な呼吸ができるようになる。

やってみよう Let's フォームを意識して呼吸

パパ、ママは手や顔を持って「ファ」をする位置を子どもに確認させるようにサポートしよう。左ページの大きな写真のように、子どもの前に立つとサポートしやすい。

▶ できないときはここをチェック

プールに立って前かがみの状態でも、クロールをイメージして腕を動かす。壁を使って腕が下がらないように、「ファ」のタイミングをつくろう。

片手クロールで
安定した呼吸フォームを身につける

> 💡 **コレが できる!** 片手クロールで呼吸のタイミングとフォームの安定を身につける

**クロールを泳ぐイメージで
片腕だけで呼吸+フォームの練習**

　今度は実際に泳ぎながら呼吸をしてみよう。**片手クロール**を行う。

　いままでは両手で泳いでいたが、片手だけで泳ぐには素早い呼吸と腕の筋力や軸の固定が必要。だから、呼吸の練習だけでなく、片手が落ちるのを防いだり、フォームを安定させるトレーニングにもなる。**しっかりと胸を開いて腕を動かす**ことがポイントだ。エビ反りにならないように呼吸しよう。

効くツボ
① **呼吸なしで練習**
② **パパ、ママのサポート**
③ **片手クロールの完成**

呼吸なしで顔を水につけたまま
片手クロールを行う

呼吸なしで片手クロールの動きに慣れる。片腕を前に伸ばし、もう一方の腕は胸の軸を中心にクロールのように水をかいて押し、回転させる。腕を上げたときに胸が水面から出るように、しっかりとローリングすることがポイント。

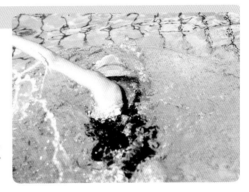

パパ、ママのサポートで
呼吸のタイミングを覚える

右腕を回し右側で呼吸を数回し、次は左で数回。2回かいて、1回呼吸のタイミングで泳ごう。呼吸は水をかいて押して推進力が増したタイミングで行うので、パパ、ママは体が前に進むタイミングで引っ張ってあげると呼吸しやすくなる。

パパ、ママのサポートなしで
片手クロールを完成させる

効くツボ2をパパ、ママのサポートなしでできるようにする。片腕を伸ばし、もう片方を回転させる。足はバタ足キックを続ける。パパ、ママは呼吸のタイミング、腕や腰が落ちていないか、フォームを確認しながら声をかけてサポート。

やってみよう Let's　左右同じように練習

片腕だけで25メートル泳いだら、今度は違うほうの腕を使って泳ぐ。左右均等に練習すること。すでに25メートルのバタ足ができるようになっているので、無理なく練習できるはず。

できないときはここをチェック

片手だけで泳いでいると、伸ばしているほうの腕がどんどん落ちてくる。そうなると腰も落ちてくるので、親はそれをチェックしながらサポートする。

呼吸クロールで
パパ、ママのサポートを受ける

!**コレが
できる!** 子どもが泳ぐタイミングでパパママがサポートする方法を覚える

**子どものタイミングを大切にし
注意点の"気づき"を与える**

　パパ、ママにサポートして
もらいながら、クロールを泳
ぐ。「ふ～～ん」→無呼吸→
「ファ」→吸うや、胸の開き、
基本姿勢を意識しながら泳ご
う。

　ここでは、パパ、ママのサ
ポートのタイミングを紹介す
る。泳いでいる**子どものタ
イミングに合わせてサポー
ト**することが大切で、子ど
もの動きを先どりしない。最
初は顔が天井に向いても、軸
が乱れなければOK。徐々に
修正できる。

効く
ツボ
① 腕と肩をサポート
② 足のサポート
③ 腰のサポート

水を押し出すタイミングで
腕と肩をサポートする

腕 の回転をサポートする。子どもが水を押し出すタイミングに合わせて、腕を引っ張り、反対側の胸を開くように肩をサポートする。もし子どもの腕の動きが遅いようなら、「もっと早く回して」というように声をかけてあげよう。

泳ぐ速さの違いを再認識するため
足を持ってスピードコントロール

No.35 で学んだウォーキングペースとジョギングペースを、パパ、ママが声をかけながら泳ぎ分ける練習。キックの幅などをチェックして、できないときには、足をもって幅とスピードをコントロールしてあげよう。手も同じ要領でやる。

クロールの泳ぎを見ながら
腰やフォームをチェック

「ふ～～ん」→無呼吸→「ファ」→吸うや、胸の開きを入れて、効くツボ 2 を行う。パパ、ママは子どもの泳ぎについていきながら、腰が落ちないようにサポートし、基本姿勢を保てるようにする。また、手を引っ張ると浮力で、腰が上がりやすい。

やってみよう Let's 最初は呼吸しないで行う

効くツボ 1、2 は、最初は呼吸をしないでやってみよう。最初から複数のことをやろうとすると意識が散漫して、本来身に付けなければならないことが、できなくなってしまうからだ。

できないときはここをチェック

ウォーキングペースの場合は腕を大きく回し、ジョギングペースでは足も腕も動きは小さくなり、呼吸も頻繁になる。ダッシュは無呼吸で行おう。

定期的に泳ぎつないで
できるだけ長く泳ぐ

> **!コレが
> できる!** クロールで25メートル完泳し、泳ぎを完成させて、持久力をつける

**途中で立たずに25メートル泳ぐ
練習をすれば、持久力が身につく**

クロールでの 25 メートル
完泳を目指そう。ここで大切
なのは、慣れないため苦しく
なっても、**なるべく立たな
いこと**。No.37 で学んだ**回
転キックを利用**して立たず
に泳ぎ、長い距離をクロール
で泳ぐための持久力をつける。

途中で立つ、または回転
キックをする場合でも、規則
的な型にはめて行う。本人の
息が上がるタイミングで入れ
てしまうと、長い距離を進め
ず持久力は身につきにくい。

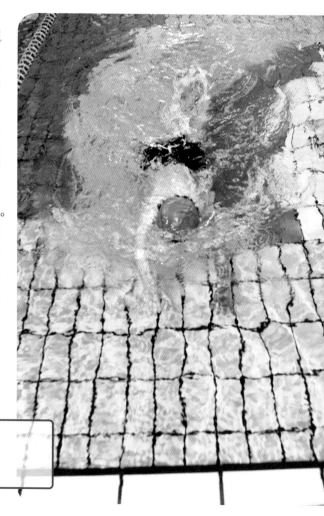

 効くツボ
① **3分の1泳ぐ**
② **背浮きを入れる**
③ **クロールを完成**

効くツボ 1

まずはプールの2分の1まで泳いでみる

2 5メートルプールならその半分の12メートルくらいを目安に、呼吸しながらクロールで泳いでみる。そして、一度足をついて息を整えてから、残りを泳ぐようにしよう。もし12メートルが苦しいなら、3分の1の8メートルからでもOK。

効くツボ 2

背浮きを入れながら足をつかずに25メートル泳ぐ

ク ロールで泳ぎ、腕6かきに1回の割合で体を回転させて背浮きになり、息を整えてもとに戻り泳ぎ続ける。規則的に背浮きを入れて呼吸することで、呼吸は心拍数が安定して、25メートル足をつかずに泳ぎきるようになる。

効くツボ 3

背浮きの回数を減らしながらクロールの泳ぎを完成させる

効 くツボ2で6かきに1回だった背浮きの頻度を、9かきに1回というように徐々に少なくし、最終的に25メートルをクロールで泳ぎきる。これで25メートル泳ぐという目的は達成され、かっこよく泳ぐという目的にシフトされる。

やってみよう
Let's NGだったら残念がる

途中で立ってしまったら、パパ、ママは「立っちゃダメ！」と怒らず、「もうちょっとだったね〜」と残念がり、「今度はできるよ」と励まして自信を持たせよう。

できないときはここをチェック

苦しいとき、子どもの息のタイミングで立っていないか確認。毎回同じところで立ってしまいがちだが、目標を決めて、持久力をつけよう。

常に見る
パパ、ママが
プールで気をつけること

プールは一歩間違えると危険なこともあるので、
親は子どもから目を離さないようにする。

R A N K I N G

1 体が冷える

水泳ではどうしても体が冷えてしまうので、水中では動き続けるようにしよう。
プールから出たら、すぐにタオルで体を拭くこと。

2 床が滑りやすい

プールサイドは滑りやすいので、ケガが多い場所でもある。走らないようにし、
歩くときも足元をよく見ること。

3 水泳中の衝突が多い

水中では自分の体がすべて見えるわけではないので、衝突することが多い。パ
パ、ママは子どもと周囲との距離に気をつけよう。

4 意外と衛生的でない

水中にはばい菌が多いので、目や耳の病気になることがある。耳に水が入って
も指でほじらないようにし、プール後は目をすぐに洗う。

5 コースロープは危険

コースロープは回転するので、つかまらないこと。また、くぐろうともぐっても
浮力があってくぐりきれないこともあるので要注意。

親が泳ぎに自信がなければ安全を最優先

パパ、ママが水泳に自信がない場合は、「子
どもから目を離さないようにしますが、わたしは
泳ぎに自信がないので」と、あらかじめプール
にいるライフセーバーに声をかけて注意をして
おいてもらう。

また、子どもの足がつかないところには、連

れて行かないこと。親が精一杯の深さでは、も
しものときに助けてあげることができなくなる。

この本の練習は、屋内の通常のプールで行う
プログラムになっている。海、川、湖、流れるプー
ルでは絶対に行わないこと。

PART 5

いよいよ目標達成!

クロールで 25メートル泳ぐ

ターンやストロークの練習をして総仕上げに入る。
楽に 25 メートル泳ぐコツを踏まえて 25 メートルに挑戦する。
泳いだ後のケアも忘れずにやっておこう。

シンプルターンで
長い距離にチャレンジ

!コレが できる! 25メートルと25メートルを、ターンでつなげて50メートルにチャレンジ

25メートルをかっこよく泳ぐために
ターンをして泳ぎを続ける

　プールの端3メートルくらい手前から泳ぎ始めて、シンプルターンを練習しよう。

　ターンの方法を覚えると、25メートル泳ぐ→ターン→25メートル泳ぐ、というように、続けて泳ぐことができる。これで、プールでヒーローになれる。

　泳ぐ距離が伸びれば持久力がつく。50メートル泳げるようになれば余裕ができ、ますます上達する。

　まずはチャレンジ精神を持つことが大切。

効くツボ
① 壁を引き寄せる
② 壁を突き放す
③ 横向きで壁を蹴る

効くツボ 1

壁が近づいたら
壁を体に引き寄せる

右手で壁を引きよせ、体を斜め 45 度にして両足を壁につける。左腕はプール底の方向（真下）へ①、右腕はヒジを曲げた状態で胸を壁に近づける②。目線は一旦壁の方向へ向け、壁を引き寄せるようにして近づく（使う腕は逆側でもいい）。

効くツボ 2

壁を腕で突き放して
体側から水に入る

腕で壁を突き放したら、右腕を高く上げ①、下げている左腕の方向②に、体の側面から水の中へ落ちるように体を横向きに落とす。下がっていた左手と下げた右手を合わせ、イカのようになりながら、頭を反対側（来た方向）に向ける。

効くツボ 3

横向きになって壁を蹴り
逆方向に向かって泳ぎ始める

手を合わせてイカのようになった上半身①を基本姿勢にしながら、横向きのまま両足で壁を蹴る②。その勢いで前へ進みながら体をねじり、体を下向きにして全体の基本姿勢を整える。その後バタ足キックを始め、逆方向に泳ぎ始める。

やってみよう Let's 余裕で 25 メートル泳ぐ

PART4 で 25 メートル泳げるようになったが、PART5 では目標を 50 メートルに設定する。なぜなら、50 メートル泳げる実力がないと、25 メートルをかっこよく泳ぐことができないからだ。

できないときはここをチェック

ターンができると、ターンをしたいためにどんどん泳ぐ距離を伸ばしていく。子どもの向上心を刺激するのが、ターンだ。「かっこいい」とほめよう。

水をとらえ水の層に乗る
柔らかな腕づかいをする

> ！ **コレが
> できる！** 8の字で水をかくスカーリングを身につけ、S字ストロークにつなげる

よりかっこよく泳ぐために
スカーリングを練習する

いままでの練習では、まっすぐ水をかいてきたが、水泳が上手な人はS字を描くように**ヒジや手首を柔らかく使う。**

スカーリングは前腕で確実に水をとらえる動作。これを身につけると、**なめらかに水をかく**ことができる。まっすぐかくと水が手から逃げたり重くなるが、水の中でヒジをゆるめ手首を柔らかく使えば時間をかけて水をつかむことができ、ストロークも長くなる。

**効く
ツボ**
① 立ってスカーリング
② 足を浮かせる
③ 泳ぎにつなげる

効く ツボ 1

スカーリングの腕の使い方を立った状態で覚える

まずは立った状態で、スカーリングの練習をしよう。砂浜の砂を腕でなでる要領で、水をなめすように∞の字を大きく描く。手のひらだけでなく、ヒジから下の前腕の全体を使うように大きく動かすことを意識すると、正しいフォームになる。

効く ツボ 2

両腕でスカーリングしながらヒザを曲げて浮く

効くツボ 1 の腕の使い方で、体側で両腕をスカーリングし、ヒザを曲げて浮いてみよう。コツをつかむまでは、なかなか難しい練習で、最初は 5 秒間浮いているのも大変。顔を水から出して、腕をゆっくりしたリズムで動かして浮く。

効く ツボ 3

スカーリングしながらバタ足で泳ぐ

バタ足をしながら両手でスカーリング前進する。最初は顔を水につけて行い、徐々に顔を上げていくようにしよう。胸筋背筋が必要なので、とってもキツイ練習。平泳ぎにならないように気をつけること。10 メートルを目標に泳いでみよう。

やってみよう Let's ビート板に乗ったつもりで

スカーリングで泳ぐとき、沈んでしまうのは水の層に乗っていないから。ビート板を使って泳ぐ要領で、腕をビート板に見立てて水の層に乗る感覚を、子どもにイメージさせよう。

できないときはここをチェック

悪い例は、バタバタともがくこと。前腕はプールの床に平行に近い形で、∞を描く。鳥やちょうちょが低空飛行をするイメージ。

水をかき集め
スカーリングの動きを役立てる

コレができる！ スカーリングの動きを踏まえて腕のかきをなめらかにする

S字を描くような水のかきでより多くの水をかき集める

スカーリングのなめらかな動きを踏まえたうえで、手のかきの練習をする。

いままでのクロールではまっすぐ水をかいていたが、ヒジを曲げながら**たぐりよせるように**水をかいていくことで、**水をお腹下に抱え込みながら押し流す**ことができる。ゆったりとした、かっこいいクロールが泳げるようになれば、スピードも上がり、より長く泳ぐことができるようになる。

効くツボ
① 人差し指から入水
② 水をかき寄せる
③ 水を後方に押し流す

効く ツボ 1

ヒジを脱力させて回転させ 人差し指から入水

ヒジをゆるめ、ヒジを上げながら腕を回す（左ページの大きな写真のように）。それからスッと人差し指から先に斜め 45 度に手を入水させる。入水は飛行機がなめらかに降り立つようなイメージを、子どもに持たせるとよい。

効く ツボ 2

前方の水を抱え込むように 水をかき寄せる

入水して伸びたときヒジは伸ばしきらず、遠く前方の水を抱え込むようにかき集める。そして、とらえた前方の水を、体の軸の下に送り込もう。指先は閉じ過ぎず、開き過ぎず、前方から床方向へ向けて、水を抱え込もう。

効く ツボ 3

かき集めた水は 後方に押し流す

かき集めた水を腹下に、ヒジを伸ばしながら、足元に水を押し流すことで推進力を得る。太ももタッチはあくまでも腕が体の軸を通った通過点なので、強く叩くのではなく、軽く触れて通過するようにと子どもに教えよう。

やってみよう Let's スカーリングの要領で

水をかくとき、ヒジはスカーリングのときのように柔らかく使い、指先はだらーんと床方向を向かせるのがポイント。指先は水を抱え込むように、S字を描くイメージ。

できないときはここをチェック

ここでは、腕の回転から入水（リカバリーからエントリー）、水のかきよせ（キャッチ・プル）、引いて押し流す（プル・プッシュ）の順番に説明。

楽に 25 メートル泳ぐ
クロールのポイントを練習する

> ⚡ **コレが できる!** 水と自分の体をコントロールして、楽に泳げるようにする

**水に乗る感覚を身につければ
クロールは楽に泳げる**

" 水に乗る "" 水を押す "
" 水を滑る " という感覚を、
ここで**体感**する。

いままでの練習では形をマ
ネすることで泳げるように
なったが、もっと**水と自分
の体をコントロール**できる
ようにする。

床を走って助走をつけてか
ら水面に滑り出すように片手
を伸ばす。同時に片手はかき
出し押し流す。全身をよく伸
ばして浮き進もう。

効くツボ
① 水に乗る
② 水を押し出す
③ ①と②を同時に行う

効くツボ 1

前腕と胸の前方に重心をおき
水に乗る感覚を身につける

全身で水を感じる瞬間をつくろう。全身を伸ばすことを意識しながら、重心を少し前腕と胸の前方に置く。重心をここに置くと、腰が浮いてくるので呼吸がしやすくなる。そこで、水に乗るような感覚を身につけることができる。

効くツボ 2

水に乗ることを意識して
水を後ろに押し出す

まず、両腕のしなりを使って、水を後ろに押す練習をする。水に乗ることを意識して両腕で水を後ろに押すと、そのとき生まれた力の分だけ前に進むことができる。これが泳ぎの推進力の一部になるという感覚を子どもに持たせることが大切。

効くツボ 3

片腕を前へ伸ばしながら
後ろに水を押し出す

効くツボ 1、2 を組み合わせて、前に進む練習をする。片腕を前へ伸ばすと同時に、もう片方の腕をしなやかに使って水を後ろに押し流す。この両方の動きで、効くツボ 1 で身につけた水に乗る感覚を、クロールで体験できるわけだ。

やってみよう Let's
勢いつけてスーッ

効くツボ 1 は、プールに入って助走し、手を伸ばして水面の上を滑らせるようにすると、水に乗る感覚がわかるだろう。プールでは、教えなくてもこうして遊んでいる子どもをよく見かける。

できないときはここをチェック

水に乗る感覚を教えるのは難しいが、サーフボードを持って海にかけ足で入り、ボードに体を預けて水に乗るサーファーをイメージしてみよう。

50メートル泳げる実力を
つけ25メートルを余裕で泳ぐ

> 💡 **コレが**
> **できる!** 潜水バタ足で筋力、水圧で心肺機能を高め、50メートルを目指す

かっこよく泳ぐための
仕上げの最終トレーニング

　苦しそうに25メートル泳ぐより、プールでヒーローになるための、**かっこいいクロール**。そのためには、50メートル泳げる実力がないと難しい。ここでは、息をしないクロール、潜水バタ足、ターンを入れたクロールのトレーニングをする。

　水は下に行くほど水圧がかかって重くなるので、**潜水バタ足は筋力アップ**になる。また、水圧で肺が圧迫されるので、**心肺機能の向上**にも役立つ。

効くツボ
① **呼吸なしクロール**
② **潜水バタ足**
③ **50メートルに挑戦**

効くツボ 1

息をしないで、できるだけ
長くクロールを泳ぐ

息をしないで、苦しくなる限界までクロールで泳ぐ練習をする。思い切り息を吸って息を止めてクロールで泳いでいき、どんどん距離を伸ばしていこう。25 メートル泳ぐことを目標にして、心肺を鍛えて、機能を向上させていく。

効くツボ 2

深くもぐってバタ足し、
持久力をつける

No.34 の壁からスタートの要領で、潜水バタ足を始める。水の底にもぐって泳ぎ続けるが、なかなか体を床に対して平行にできない。それは、基本姿勢が崩れているからだ。胸、お腹を底につけるイメージを持つと、成功しやすい。

効くツボ 3

ターンを入れて
50 メートルクロールを目指す

シンプルターンを入れて、呼吸つきクロールの練習。最初は 25 メートル泳いでターンし、1 メートルくらいで泳ぎを止める。そして、徐々にターン後の距離を伸ばしていく。泳ぎは完成しているので、ダイナミックなフォームを心がける。

やってみよう Let's
基本姿勢のテスト

潜水キックは基本姿勢ができていないとできないので、基本姿勢ができているかのテストにもなる。パパ、ママは子どもに練習させながら、基本姿勢をチェックしよう。

✏ できないときはここをチェック

呼吸なしのクロールは、小学校 2 年生くらいになると、25 メートル泳げる子どもも出てくる。逆に幼児には少し難しい種目となる。

水中クールダウンで
疲れを翌日に残さない

> 💡 **コレが できる!** 疲れた筋肉を水中でストレッチし、泳ぎによる疲労を緩和させる

クールダウンで 心拍数を下げていく

　体に疲労を残さないために、クールダウンをする。筋肉を緩めて伸ばすと、乳酸（体内の疲労物質）が分解されやすいので、**ストレッチは疲労回復**に有効な方法。

　準備運動が心拍数と体温を上げる役割をするのと反対に、**体温を下げていく**ので、寒いときは陸やジャグジーで体を温めてから行うこと。これをして、また元気に快適に、次回の水泳の練習に取り組もう。

効くツボ
① **全身ブルブル**
② **腰をユラ〜ユラ〜**
③ **肩周辺のストレッチ**

効くツボ 1

疲れをほぐすのに役立つ
泳ぎながら「全身ブルブル」

水中で泳ぎながら「全身ブルブル」をする。ただし、まだ泳げない子どもの場合は、水に浮かずに立った状態で「全身ブルブル」をする。泳ぎながら行う場合は、楽に息が続くところまで、ブルブルしながら泳いでいこう。

効くツボ 2

腰をユラ～ユラ～させて

プールサイドにつかまり、背中を丸めて足裏をプールの壁につけたら、腰を左右に振る。1 呼吸分の間、ユラ～ユラ～させる感じ。背中を丸めると、腰椎と広背筋が伸びる。プールの中でしかできないストレッチ。

効くツボ 3

クロールで疲れた
肩周辺をストレッチする

プールサイドに両手を置き、ヒザを曲げながら体を水に沈める。すると肩周辺の筋肉をストレッチできる。大人にはとてもきついストレッチだが、子どもは意外と簡単にできる。「ふ～」と 1 呼吸分吐く間ストレッチする。

やってみよう Let's
合わせ技で疲労回復

プール内でのストレッチが終了したら、PART2 の No.10 で行ったプールサイドのストレッチもあわせてすると、クールダウンの効果は倍増する。

できないときはここをチェック

水泳は体幹を使うスポーツなので、背中と腰のストレッチはとても重要。肩周辺のストレッチとあわせて、リラックスして行おう。

プールからあがったら 洗い流してタオルで拭く

コレが できる! 意外と気づかない水泳後の落とし穴をチェックして、体調管理をする

洗い流す・タオルで拭くは プールでの習慣にする

　プールの水は衛生上の観点から、水道水より塩素が強い。練習のためプールに入る頻度が増えることは、**肌がデリケートな子どもにダメージ**を与えかねない。それを防ぐために体を洗ったり、体温を保つためにタオルで拭いたりすることが大切。

　このように、プールにはパパやママが気づかない注意点があるので、ここではプールでの練習が終わったら、必ずやらなければならないことを取り上げる。

効くツボ
① シャワーを浴びる
② 目洗いとうがい
③ タオルで体を拭く

効くツボ 1

プールの水に含まれる塩素は いち早くシャワーで流す

プールの水は大腸菌が発生しないように、塩素のきつい水を使っている。この塩素が皮膚に残ると肌荒れや湿疹を起こしたりするので、プール終了後は必ずシャワーで体を洗う。プールに体を洗う施設があったら、石鹸で体を洗うのがベスト。

効くツボ 2

目洗いと、うがいをして プール内の塩素と雑菌を洗い流す

泳ぎ終わったら目洗いと、うがいも必ず行うこと。パパ、ママは、目を洗うときにタオルを用意しておく。せっかく目を洗っても、その後に子どもが手で目をこすってしまっては意味がない。水で洗い流したら、タオルで顔を拭くようにする。

効くツボ 3

体を冷やさないように 水から上がったらすぐに拭く

子どもは体が小さいので、体温がすぐにうばわれる。プール終了後のシャワーの後にすぐ体を拭くばかりでなく、泳いでいる途中にトイレに行くときや、プールサイドで小休止するときも、水から上がったらすぐにタオルで全身を拭く。

やってみよう Let's 泳いだ後は採暖室へ

採暖室を併設しているプール施設も多い。採暖室はサウナより室温が低いので、泳いだ後は体が冷えないうちに採暖室に入り、そこでストレッチなどをするといい。

できないときはここをチェック

プール終了後にストレッチをする場合、採暖室がなかったら、体を乾かして着替えてから行おう。濡れた水着のままでは、子どもには寒いときもある。

プールに行く前は 子どもの体調に気をつける

！コレが できる！ 水泳をする前日からは子どもの様子や体調には気をつける

子どもが楽しく泳げるように パパとママが体調管理をする

プールでケガをしない、 体調を崩さない。これは、 楽しく水泳を上達させるため の鉄則だ。子どもの体調をパ パやママが見ながら、プール に行くかどうかを判断しよう。

プール**前日の睡眠はしっ かり**ととり、**プールに行 く前は熱を測る**など体調を チェック。

プールの塩素からダメージ を防ぐための保湿ケアも重要 な要素だ。

効くツボ
① しっかり睡眠をとる
② 体調のチェック
③ 肌の保湿

効く ツボ 1

プール前日は
しっかりと睡眠をとる

睡眠をしっかりとらないと、ケガをすることもある。頭が体をコントロールするので、脳の働きが鈍くなると痙攣したり、筋肉がつったりする。また、寝不足は学習力が低下してしまう。そこでプール前日は、しっかりと睡眠をとること。

効く ツボ 2

子どもの体調が悪いようなら
プール行きは中止する

パパ、ママはプールに行く前、必ず子どもの体調をチェックしよう。軽い風邪でも、大事をとってプールは中止。楽しく、長く、練習を続けるためにも、子どもの体調に気を配り、プールに行く前には、体温測定を習慣づけて、体調を管理する。

効く ツボ 3

プール前日、練習後は
肌の保湿ケアをする

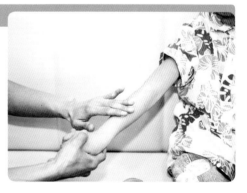

プールに通うと肌が乾燥しやすくなるので、パパ、ママも子どもも保湿に気を遣おう。プールでの練習を終えてお風呂に入ったら、保湿効果のある化粧水やクリームをつける。また、プールに行く前日も、保湿ケアしておくとよい。

やってみよう Let's
食べた直後は泳がない

運動には糖分が必要なので、食事をとってから練習することが大切。しかし、低年齢の初心者にとって練習はハード。食事直後の練習は避けるようにしよう。

できないときはここをチェック

水泳も他のスポーツ同様、水分補給が大切。前日から水分補給を気にかけるが、泳ぐ前も泳いだ後も忘れないこと。

子どもの上達を促すのは
パパ、ママが水泳を楽しむ姿

> 💡 **コレが
> できる!** 親がやらせるのではなく、子どもが率先してやりたくなる雰囲気を作る

**楽しく上達させるためには、
親も楽しむことが大切**

　子どもを早く上達させる秘訣は、**水泳を好き**にさせることだ。では、どうしたら好きになるのかというと、パパとママが楽しみながら教えるのが一番。

　当たり前のことや、小さいことをほめるのも大切。たとえ失敗をしても怒らず、**笑って残念がるか、励ます**ようにする。笑うといっても、失敗を冷やかすのは子どものやる気をなくてしてしまうのでユニークに。成功したときは普段よりテンションを上げよう。

**効く
ツボ**
① 笑顔で一緒に楽しむ
② ポジティブトーク
③ 目標を立てる

効くツボ 1

笑顔で一緒に楽しむことが
上達を早くする

楽 しく泳ぐことが、上達のいちばんの方法だ。子どもに教えていると、とかく親に気合が入りがち。パパ、ママも根をつめ過ぎず、練習は常に笑顔で楽しくを心がけよう。子どもは、怖い顔をしたパパ、ママは見たくないはず。

効くツボ 2

たとえ失敗したとしても
ポジティブトークで対応する

た とえばヒザが曲がっていたら、「ヒザが曲がっているよ」よりも、「ヒザは伸ばしたほうがかっこいいよ」とアドバイスする。失敗したら「あれ、やっちゃったね〜」と、笑いながら「よし！次がんばろう」と明るく声をかけてあげる。

効くツボ 3

プール練習に行くたびに
小さな目標を立てる

小 さな目標から立てていき、最終的に大きな目標を達成させるようにする。その日にどこまでできるようにするのかという目標を、プールに行くたびに立てるとよい。それを子どもに示して、今日する練習をあらかじめ知らせることも大切。

やってみよう Let's
目標の立て方

「かっこよく泳ぎたい」から始まる練習でも、初日から「25 メートル泳げるようになろう」という最終目標は、言わないほうがいい。「水に顔をつけられるように」などの小さな目標がベスト。

できないときはここをチェック

水泳を教えるときに、「だめだよ」「できていないよ」「何回言ったらわかるの？」などの、ネガティブな言葉は使わないほうがベスト。

①上半身のストレッチ

両足を広げ、両手は壁につける。そこから、おへそを床に近づけて体を沈め、背中をしならせる。ヒジは伸ばそう。

②体側のストレッチ

足裏をしっかり床に着け、両手のひらは壁につける。壁に近づいているほうのヒザを曲げ、反対側の腰を天井に突き上げる。左右行う。

これで泳ぐ準備はOK
プラスαストレッチ

呼吸を止めずに行うことがポイントです。
③⑦⑩は息を吸うときのほうが伸び、それ以外は吐きながらストレッチします。
行う回数はすべての種目共通で、30秒を1回。
No. 8、10と組み合わせよう。

③肩・胸のストレッチ

クロールに必要な腕の動きをよくする。両足は前後に開き、片方の手を壁につける。壁と反対側に体をねじるようにひねる。左右行う。

④背中と肩甲骨のストレッチ

水をしっかりかくことのできる肩をつくる。壁に手の甲と腕をつけ、後ろを振り返るようにねじる。腰ごとねじろう。左右行う。

⑤内ももと股関節のストレッチ

内ももが床に近づくように腰を落とす。曲げているほうのかかとが床から浮かないようにし、ヒザは外側に開く。左右行う。

⑥お尻と股関節と腰のストレッチ

両足の裏を合わせるように床に座り、額を足先に近づけるように上体を倒す。背中は丸めていてOK。

⑦お腹と足の付け根、足首のストレッチ

胸の下で手のひらを床につけ上半身を反らす。下腹、足の甲を床に押しつけ、目線は前か下に保つようにしよう。

⑧背中のストレッチ

左手を前にし、両手首を手の甲を内側にしてひっかけ、右の肩甲骨をねじるように下げる。目線は左斜め後ろでお尻を引く。左右行う。

⑨腰・お尻・もも裏のストレッチ

片足を伸ばし、もう一方を曲げて座り、息を吐きながら額を足に近づける。ヒザが浮かないように、できれば伸ばしている足のつま先を引きよせよう。左右行う。

⑩ウエストのストレッチ

右足を左にして寝て目線は右に向き、上の足と逆の方向に上半身をひねる。肩が浮かないように注意すること。左右行う。

25メートル泳げるコツとツボ一覧

すべての「コツ」と「ツボ」を一覧にしてみました。ここに技術が凝縮されています。
ひととおり読み終え、運動をするときに、切り取って持っていき、確認してください。

PART1　お家でできる準備と練習

PART2　遊びながら水に慣れる

PART4 かっこいいクロールをマスターする

PART5 クロールで 25 メートル泳ぐ

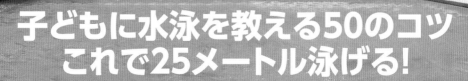

子どもに水泳を教える50のコツ
これで25メートル泳げる！

STAFF

監修：長谷優

プロデューサー：松尾里央（ナイスク http://naisg.com）

撮影：深津壮大

ライター：倉田優子、樋口喜子

モデル：高橋義信・和音、綿貫美也子・真鈴、金子達哉

編集：岸正章（ナイスク）

誌面デザイン：沖増岳二

施設提供：スポーツクラブNAS茅ヶ崎

協力：アシックス株式会社

子どもに水泳を教える50のコツ これで25メートル泳げる!

2020年4月15日　第1版・第1刷発行

監修者　　　長谷　優（はせ　ゆう）

発行者　　　株式会社メイツユニバーサルコンテンツ
　　　　　　（旧社名：メイツ出版株式会社）
　　　　　　代表者　三渡　治
　　　　　　〒102-0093東京都千代田区平河町一丁目1-8
　　　　　　TEL：03-5276-3050（編集・営業）
　　　　　　　　　　03-5276-3052（注文専用）
　　　　　　FAX：03-5276-3105

印　刷　　　株式会社厚徳社

ご意見・ご感想はホームページから承っております
ウェブサイト　https://www.mates-publishing.co.jp/

編集長：折居かおる　副編集長：堀明研斗　企画担当：大羽孝志／清岡香奈

※本書は2014年発行の『これで25メートル泳げる！子どもに水泳を教える本』を元に加筆・修正を行っています。